AF407845

Generis
PUBLISHING

وزارة التعليم
Ministry of Education
043

المملكة العربية السعودية
Kingdom of Saudi Arabia

THEORIE ET CODAGE DE L'INFORMATION

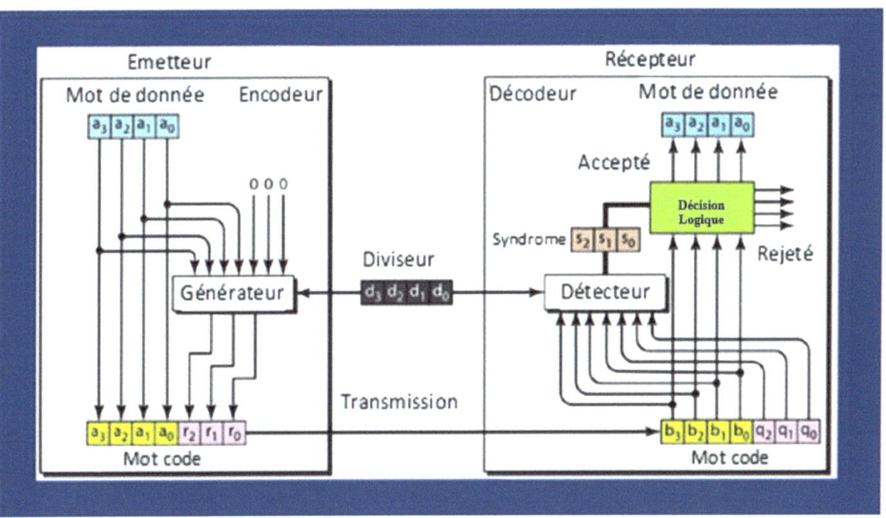

Cours et séries d'exercices corrigés

Abdelkrim ZITOUNI

(Professeur Universitaire en Electronique)

Chisinau, 2020

CIP a Camerei Naționale a Cărții

Zitouni, Abdelkrim.

Theorie et codage de l'information : Cours et séries d'exercices corrigés / Abdelkrim Zitouni. – Generis Publishing, 2020 (Print on demand). – 213 p. : fig., tab.

Referințe bibliogr.: p. 212-213.

ISBN 978-9975-153-59-1.

519.711(075.6)

Z 73

Cover image: www.pixabay.com

Generis Publishing
Online orders: www.generis-publishing.com
Orders by email: info@generis-publishing.com

PREFACE

Afin de permettre la transmission d'une information depuis une source jusqu'à un utilisateur d'une manière fiable, C. E. Shannon a développé au début des années 1940 une théorie mathématique appelée théorie de l'information. Cette théorie s'intéresse à la construction et à l'étude de modèles mathématiques de communications à l'aide essentiellement de la théorie des probabilités. Depuis ce premier exposé, la théorie de l'information s'est faite de plus en plus précise et est devenue aujourd'hui incontournable dans la conception de tout système de communication.

Ce livre s'adresse aux étudiants des masters d'électronique, d'informatique et de télécommunication ainsi qu'aux élèves des écoles d'ingénieurs.

Contenu du livre

La théorie des communications se divisent en deux parties majeures: le codage source et le codage canal. Le but du codeur de source est de représenter la sortie de la source, ou information, en une séquence binaire, et cela de la façon la plus économique possible. Le but du codeur de canal et de son décodeur est de reproduire le plus fidèlement possible cette séquence binaire malgré le passage à travers le canal bruité.

Ce livre s'organise en six chapitres dont chaque chapitre est suivi d'une série d'exercices corrigés.

Le chapitre 1 présente les notions élémentaires de probabilités qui sont nécessaires pour l'étude et la modélisation des systèmes de communication.

Le chapitre 2 décrit et interprète les relations liés à l'apport qui existe entre l'information et l'entropie ainsi que l'interprétation du premier théorème de Shannon.

Le chapitre 3 présente et analyse les résultats liés au codage de source. Un ensemble d'algorithmes de codage entropique et adaptatifs (Shannon-Fano, Huffman, Lempel-Ziv, etc.) ont été aussi présentés et comparés.

Le chapitre 4 présente le formalisme de modélisation mathématique d'un canal ainsi que l'étude d'un ensemble de canaux (canal symétrique, canal symétrique à effacement, etc.). Ce chapitre a été achevé par une interprétation du théorème de codage canal.

Le chapitre 5 s'intéresse à la résolution du problème de détection et correction d'erreurs en utilisant des codes de bloc linéaires. Les codes de Hamming qui sont généralement les plus utilisés suite à leurs simplicités ont été présentés dans ce chapitre afin de bien expliquer ce genre de codes de bloc linéaires.

Le chapitre 6 présente les propriétés, les méthodes de codage et de décodage ainsi que les caractéristiques essentielles des différents types de codes cycliques. Ce chapitre est achevé par une synthèse architecturale des circuits de division et de multiplication de ces codes.

Enfin, une bibliographie donne la liste des supports (ouvrages, articles, etc.) à partir desquels ce livre a pu être élaboré.

Chapitre 1: Notions élémentaires de probabilités

1. Introduction

Dans les années 40, C. E. Shannon a développé une théorie mathématique appelée *théorie de l'information* qui décrit les aspects les plus fondamentaux des systèmes de communication. Cette théorie s'intéresse à la construction et à l'étude de modèles mathématiques à l'aide essentiellement de la théorie des probabilités. Depuis ce premier exposé, la théorie de l'information s'est faite de plus en plus précise et est devenue aujourd'hui incontournable dans la conception de tout système de communication.

Ce chapitre présente les notions élémentaires de probabilités qui sont nécessaires pour l'étude et la modélisation des systèmes de communication.

2. Choix d'un modèle de probabilité

Lors de la réalisation d'une expérience aléatoire, on est amené à choisir successivement un univers, un évènement et une loi de probabilité.

2.1. Univers Ω

L'univers représente l'ensemble de toutes les issues envisageables de l'expérience. Les univers ci-dessous sont considérés comme exemples.

- On lance un dé et on regarde le numéro de la face obtenue: $\Omega = \{1; 2; 3; 4; 5; 6\}$.
- On lance une pièce de monnaie: $\Omega = \{P; F\}$.
- On lance deux pièces de monnaie: $\Omega = \{PP; PF; FP; FF\}$.

L'univers dépend de l'observation qui est faite: par exemple, si on lance deux dés et qu'on fait le produit P ou la somme S des deux numéros obtenus, on obtient respectivement:

$\Omega_P = \{1; 2; 3; 4; 5; 6; 8; 9; 10; 12; 15; 16; 18; 20; 24; 25; 30; 36\}$

$\Omega_S = \{2; 3; 4; 5; 6; 7; 8; 9; 10; 11; 12\}$

Notons aussi qu'il existe des expériences aléatoires qui comportent une infinité d'issues. Par exemple si on choisit un entier naturel au hasard: $\Omega = N$, ce type d'ensemble infini est dit "dénombrable".

2.2. Evènements

Les évènements sont les issues discernables ou mesurables par l'observateur. Lorsque l'univers Ω est fini ou dénombrable, chaque partie de l'univers peut être considérée comme un évènement. A titre d'exemple si on lance deux dés et on regarde la somme des résultats obtenus, la partie E = $\{2; 4; 6; 8; 10; 12\}$ est un évènement qui peut se décrire par la phrase "la somme obtenue est un nombre pair".

Les éléments de Ω sont appelés des évènements élémentaires. Un évènement élémentaire est donc une partie de Ω réduite à un seul élément.

2.3. Loi de probabilité

On considère une application P à valeurs dans [0, 1] qui vérifie les deux conditions:

- $P(\Omega) = 1$

- Si $(A_n)_{n\in IN}$ est une famille d'évènements deux à deux disjoints, alors:

$$P\left(\prod_{n\in IN} A_n\right) = \sum_{n \in IN} P(A_n)$$

En particulier, si A et B sont deux évènements incompatibles (disjoints), alors:

$$P(A \cup B)) = P(A) + P(B)$$

En conséquence on a: $1 = P(\Omega) = P(\Omega \cup \phi) = P(\Omega) + P(\phi)$. Donc: $P(\phi) = 0$.

Une telle application P s'appelle probabilité ou loi de probabilité. La probabilité $P(E)$ d'un évènement E est la somme des probabilités des évènements élémentaires qui le composent. Le triplet $(\Omega, P(\Omega), P)$ s'appelle un espace probabilisé. Modéliser une expérience aléatoire, c'est choisir un tel triplet.

Lorsque Ω est de cardinal fini et que l'on affecte la même probabilité à chaque évènement élémentaire, on dit que l'on choisit une probabilité P équirépartie. On a alors:

- Pour tout évènement élémentaire ω de Ω: $P(\omega) = \dfrac{1}{Card(\Omega)}$.

- Pour tout évènement E: $P(\omega) = \dfrac{Card(E)}{Card(\Omega)}$. On dit aussi, dans une telle situation, qu'il y a équiprobabilité.

3. Probabilité de la réunion des évènements

La probabilité de la réunion de deux évènements est donnée par:

$$P(A \cup B) = P(A) + P(B) - P(A \cap B)$$

En généralisant cette formule à une union de n évènements, on obtient la formule suivante (formule de "crible"):

$$P\left(\bigcup_{i=1}^{n} A_i\right) = \sum_{p=1}^{n} (-1)^{p+1} \sum_{1 \le i_1 < i_2 < \dots i_p \le n} P\left(\bigcap_{1 \le k \le p} A_{i_k}\right)$$

Remarque: la probabilité d'une union d'évènements est toujours inférieure à la somme des probabilités de ces événements:

$$P\left(\bigcup_{i=1}^{n} A_i\right) \le \sum_{i=1}^{n} P(A_i)$$

En particulier $P(A \cup B) \le P(A) + P(B)$

4. Variables aléatoires

4.1. Définition

Lorsqu'à chaque évènement élémentaire ω d'un univers Ω on associe un nombre réel, on dit que l'on définit une variable aléatoire (réelle). Une variable aléatoire est donc une application $X : \Omega \to IR$. Notons bien qu'on n'a pas besoin de probabilité pour définir une variable aléatoire.

4.2. Probabilité associée à une variable aléatoire

Soit P une probabilité sur un univers Ω et soit X une variable aléatoire définie sur Ω telle que X(Ω) soit fini de cardinal n. Lorsqu'à chaque valeur x_i $(1 \leq i \leq n)$ de X on associe les probabilités p_i de l'évènement "X = x_i", on dit que l'on définit la loi de probabilité P_x de la variable aléatoire X.

Exemple: On lance une pièce de monnaie 3 fois de suite comme l'indique l'arbre ci-dessous (Figure 1.1). Posons Y = 1 si deux faces identiques apparaissent successivement et Y = 0 sinon. On a donc:

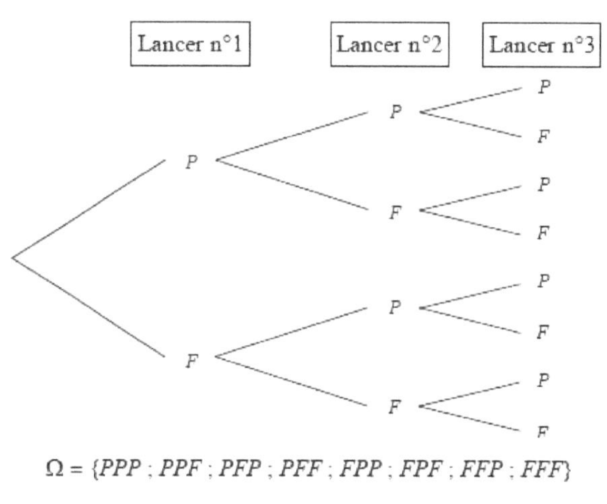

$$\Omega = \{PPP \; ; PPF \; ; PFP \; ; PFF \; ; FPP \; ; FPF \; ; FFP \; ; FFF\}$$

Valeurs k de Y	0	1
P(Y=k)	1/4	3/4

Figure 1.1: Exemple d'un arbre binaire

5. Probabilité conditionnelle

Soit une expérience aléatoire d'univers Ω (avec Ω de cardinal fini), P une probabilité sur Ω et B un évènement tel que P(B) $\neq$ 0. L'application P_B de $P(\Omega)$ dans [0, 1] définie par:

$P_B(A) = \dfrac{P(A \cap B)}{P(B)}$ pour tout A $\in P(\Omega)$ est une probabilité sur Ω.

L'application P_B ainsi défini s'appèle "Probabilité B-conditionnelle". La quantité $P_B(A)$ se lit "probabilité, sachant B, de A" parfois noté P(A|B). On a ainsi:

$P(A \mid B) = P_B(A) = \dfrac{P(A \cap B)}{P(B)}$. A partir de cette relation on déduit que:

$P(A \cap B) = P_B(A)P(B) = P_A(B)P(A)$. Comme cas particulier on remarque que si $A \subset B$, alors $P(A) \leq P(B)$ et $P(A \cap B) = P(A)$. D'où $P_B(A) = \dfrac{P(A)}{P(B)}$.

Exemple: Un joueur tire, au hasard, une carte d'un jeu de 32 cartes. On considère les évènements suivants: F = "la carte tirée est une figure" et R="la carte tirée est un roi".

L'univers Ω est constitué de 32 évènements élémentaires équiprobables. On a donc:

$$P(F) = \frac{Card(F)}{Card(\Omega)} = \frac{12}{32} = \frac{3}{8} \; ; \; P(R) = \frac{Card(R)}{Card(\Omega)} = \frac{4}{32} = \frac{1}{8} \text{ et } P(R \cap F) = \frac{Card(R \cap F)}{Card(\Omega)} = \frac{4}{32} = \frac{1}{8}.$$

P désigne la probabilité correspondant à l'équipartition. Maintenant, nous n'avons plus l'équiprobabilité sur Ω. Les seuls évènements de probabilité non nulle sont ceux qui sont constitués d'une partie des 12 figures du jeu de cartes. Nous allons choisir une nouvelle probabilité P_F qui sera nulle pour les évènements élémentaires ne correspondant pas à une figure et équirépartie pour les évènements élémentaires correspondants à une figure. Pour déterminer la probabilité que la carte soit un roi, nous devons seulement considérer les rois qui sont des figures, donc comparer les éléments $R \cap F$, si bien que $P_F = \dfrac{Card(R \cap F)}{Card(F)} = \dfrac{4}{12} = \dfrac{1}{3}$.

La probabilité $P_F(R) = P(R|F)$ représente la probabilité conditionnelle de R par rapport à F. R|F représente l'évènement "R est réalisé" sachant que F est réalisé. On peut facilement vérifier que: $P_F(R) = \dfrac{P(R \cap F)}{P(F)}$.

6. Formule des probabilités totales

Soit Ω un univers muni d'une probabilité P. Si des parties B_1, B_2,...,B_n, de probabilités non nulles, constituent une partition de Ω, alors pour tout évènement A, on a:

$$P(A) = \sum_{k=1}^{n} P(A \cap B_k) = \sum_{k=1}^{n} P_{B_k}(A)P(B_k)$$

7. Indépendance d'évènements

Soit P une probabilité sur un univers Ω. On dit que deux évènements A et B (de probabilités non nulles) sont indépendants lorsque la réalisation de l'un n'a pas d'influence sur la probabilité de réalisation de l'autre: $P_B(A) = P(A)$ ou $P_A(B) = P(B)$.

Conséquence: Soient A et B deux évènements tels que $P(A) \neq 0$ et $P(B) \neq 0$.

- Si A et B sont indépendants, alors: $P(A \cap B) = P_B(A)P(B) = P(A)P(B)$
- Réciproquement, si $P(A \cap B) = P(A)P(B)$ alors on a:

$P_B(A)P(B) = P(A)P(B)$ d'où $P_B(A) = P(A)$

$P_A(B)P(A) = P(A)P(B)$ d'où $P_A(B) = P(B)$

Les évènements A et B sont donc indépendants. Ce qui fournit un bon critère pour savoir si deux évènements sont indépendants.

Les évènements A_1, A_2,...,A_n sont dits mutuellement indépendants lorsque pour toute famille d'indices $K \subset [1,n]$ on a $P\left(\bigcap_{k \in K} A_k\right) = \prod_{k \in K} p(A_k)$ qu'il ne faut pas confondre avec l'indépendance deux à deux. En effet, A_1, A_2,...,A_n sont dits deux à deux indépendants lorsque i et j vérifient $1 \le i \le j \le n$: $P(A_i \cap A_j) = P(A_i)P(A_j)$.

Des évènements mutuellement indépendants le sont aussi deux à deux, mais la réciproque est fausse.

Remarque: Ne pas confondre l'indépendance et l'incompatibilité de deux évènements. Par exemple, si on lance un dé et si on considère les évènements: A = "obtenir un nombre pair" et B = "obtenir un nombre impair", alors A et B sont incompatibles (puisque $A \cap B = \phi$) et dépendants (puisque $P(A) = P(B) = 0,5$ alors que $P(A \cap B) = 0$).

8. Indépendance de variables aléatoires

Soit X et Y deux variables aléatoires définies sur un univers Ω telles que $X(\Omega)$ et $Y(\Omega)$ soient finis. Notons x_1,...,x_n et y_1,...,y_n les valeurs de X et Y. On dit que X et Y sont des variables aléatoires indépendantes lorsque: Pour tout $i \in [1,n]$ et tout $j \in [1,p]$, les évènements "X=x_i" et "Y=y_i" sont indépendants.

9. Conclusion

L'information fournie par une source est fortement liée à la distribution de probabilité de la sortie de cette source. Plus l'évènement donné par la source est probable, moins la quantité d'information correspondante est grande. Ce chapitre a présenté les notions de base de probabilités qui seront utilisés dans les prochains chapitres concernant le codage source et le codage canal.

Série 1: Calcul de probabilités

Exercice 1:

Dans une classe, 10% des élèves jouent d'un instrument à corde, 20% des élèves jouent d'un instrument à vent et 5% des élèves jouent d'un instrument à corde et d'un instrument à vent. On choisit un élève au hasard.

1) Quelle est la probabilité qu'il joue d'un instrument à corde?

2) Quelle est la probabilité qu'il joue d'un instrument à vent?

3) Quelle est la probabilité qu'il joue d'un instrument à corde ou à vent?

4) Quelle est la probabilité de la réunion de deux évènements?

Exercice 2:

Une urne contient 5 boules indiscernables au toucher: deux bleues "B" et trois rouges "R". On dispose également de deux sacs contenant des jetons: l'un est bleu et contient un jeton bleu "b" et trois jetons rouges "r", l'autre est rouge et contient deux jetons bleus "b" et deux jetons rouge "r".

On extrait une boule de l'urne, puis on tire un jeton dans le sac qui est de la même couleur que la boule tirée.

1) Combien y a-t-il d'issues possibles?

2) A l'aide d'un arbre pondéré, déterminer la probabilité de chacune de ses issues.

3) Déterminer la probabilité d'évènement A: "la boule et le jeton extraits sont de la même couleur".

Exercice 3:

Un joueur de tennis a droit à deux tentatives pour réussir sa mise en jeu. Le joueur réussit sa première balle de service dans 65% des cas. Quand il échoue, il réussit la seconde dans 80% des cas.

Quelle est la probabilité pour qu'il commette une double faute (c'est-à-dire qu'il échoue deux fois de suite) ?

Exercice 4:

Démontrer que si C, D et E sont trois évènements alors:

$$P(C \cup D \cup E) = P(C) + P(D) + P(E) - P(C \cap D) - P(D \cap E) - P(E \cap C) + P(C \cap D \cap E)$$

Exercice 5:

On lance deux dés un après l'autre et on désigne par A l'évènement "le premier dé amène un nombre pair", par B l'évènement "le deuxième dé amène un nombre impair" et par C l'évènement "les deux dés amènent un nombre pair".

1) Donner l'arbre binaire correspondant. En déduire l'univers Ω associé à cette expérience aléatoire.

2) Calculer les probabilités P(A), P(B), P(C), P(A∩B), P(A∩C) et P(B∩C).

3) Monter que A et B sont indépendants, que A et C sont dépendants et que B et C sont dépendants.

Exercice 6:

On lance deux dés bien équilibrés. On note S la somme des résultats obtenus et P le produit.

1) Donner, sous forme de tableau la loi de probabilité du couple (S, P).

2) Les variables aléatoire S et P sont-elles indépendantes ?

Correction

Exercice 1:

Notons *C* l'évènement: "l'élève joue d'un instrument à corde" et *V*: "l'élève joue d'un instrument à vent".

Ω: *Ensemble des élèves de la classe*

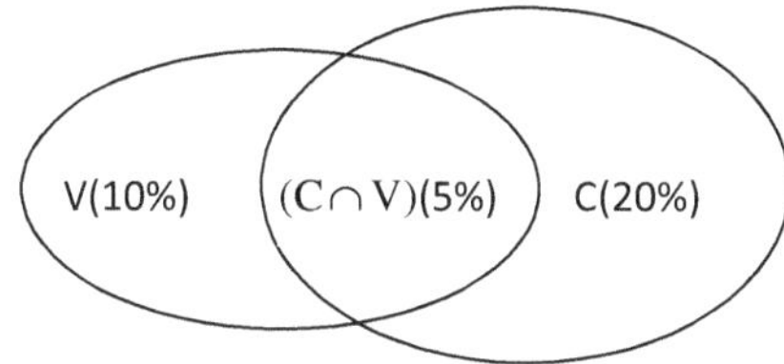

1) P(C) = 0,1 = 10%

2) P(V) = 0,2 = 20%

3) P(C∩V) = 0.05 = 5%

4) P(C∪V) = P(C) +P(V) - P(C∩V) = 0,025 = 2,5%

Exercice 2:

1) Nombre d'issues possibles: Si la première tirée est bleue, le jeton tiré peut-être bleu ou rouge, soit deux résultats possibles (B, b) et (B, r). Si la première tirée est rouge, le jeton tiré peut être bleu ou rouge, soit deux résultats possibles (R, b) et (R, r). Il y a 4 issues possibles.

2) Arbre pondéré des issues possibles:

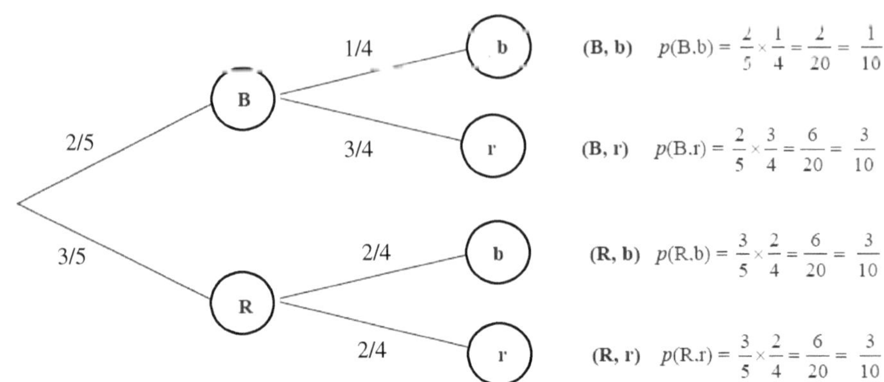

3) Probabilité de l'évènement A: "la boule et le jeton extraits sont de la même couleur": L'évènement A est constitué de deux évènements élémentaires (B, b) et (R, r).

$$p(A) = p(B, b) + p(R, r) = 1/10 + 3/10 = 2/5$$

La probabilité de l'évènement A est 2/5.

Exercice 3:

Pour la première balle de service le joueur réussit dans 65% des cas, donc il échoue dans 35% des cas. Pour la seconde balle de service il réussit dans 80% des cas, donc il échoue dans 20% des cas. Donc 20% de 35% des mises en jeu effectuées ne sont pas réussies.

On a: $\dfrac{20}{100} \times \dfrac{35}{100} = 0,2 \times 0,35 = 0,07 = 7\%$. La probabilité pour que le joueur commette une double faute est donc de 7/100.

Exercice 4:

$$P(C \cup D \cup E) = P(C \cup (D \cap E)) = P(C) + P(D \cup E) - P(C \cap (D \cup E))$$

$$P(C \cup D \cup E) = P(C) + P(D) + P(E) - P(D \cap E) - P((C \cap D) \cup (C \cap E))$$

$$P(C \cup D \cup E) = P(C) + P(D) + P(E) - P(D \cap E) - P(C \cap D) - P(C \cap E) + P(C \cap D \cap E)$$

Exercice 5:

1) L'arbre permet de déterminer l'univers Ω associé à cette expérience aléatoire. Il est constitué de 4 évènements élémentaires: Ω {PP, PI, IP, II}.

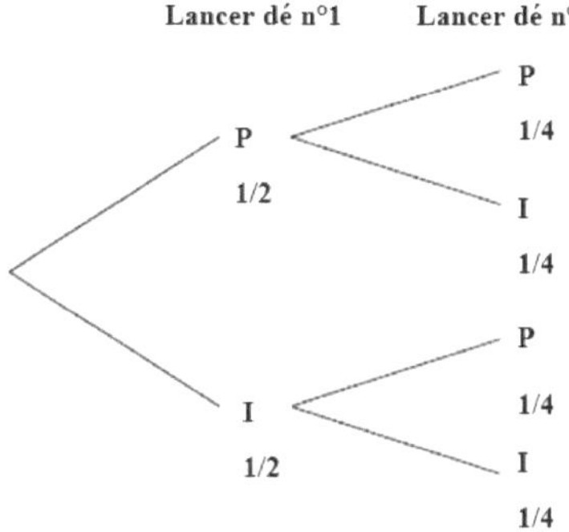

2) A partir de l'arbre on déduit: P(A)=1/2, P(B)=1/2, P(C)=1/4, $P(A \cap B) = 1/4$, $P(A \cap C) = 1/2$, et $P(B \cap C) = 0$.

3) $P(A \cap B) = P(A)P(B)$, donc A et B sont deux évènements indépendants.

$P(A \cap C) \neq P(A)P(C)$, donc A et C sont deux évènements dépendants.

$P(B \cap C) \neq P(B)P(C)$, donc B et C sont deux évènements dépendants.

Exercice 6:

1) Dressons deux petits tableaux donnant les différentes possibilités de sommes et de produits:

S	1	2	3	4	5	6
1	2	3	4	5	6	7
2	3	4	5	6	7	8
3	4	5	6	7	8	9
4	5	6	7	8	9	10
5	6	7	8	9	10	11
6	7	8	9	10	11	12

P	1	2	3	4	5	6
1	1	2	3	4	5	6
2	2	4	6	8	10	12
3	3	6	9	12	15	18
4	4	8	12	16	20	24
5	5	10	15	20	25	30
6	6	12	18	24	30	36

2) Loi du couple (S, P):

S \ P	1	2	3	4	5	6	8	9	10	12	15	16	18	20	24	25	30	36	Loi de S
2	$\frac{1}{36}$	0	0	0	0	0	0	0	0	0	0	0	0	0	0	0	0	0	$\frac{1}{36}$
3	0	$\frac{2}{36}$	0	0	0	0	0	0	0	0	0	0	0	0	0	0	0	0	$\frac{2}{36}$
4	0	0	$\frac{2}{36}$	$\frac{1}{36}$	0	0	0	0	0	0	0	0	0	0	0	0	0	0	$\frac{3}{36}$
5	0	0	0	$\frac{2}{36}$	0	$\frac{2}{36}$	0	0	0	0	0	0	0	0	0	0	0	0	$\frac{4}{36}$
6	0	0	0	0	$\frac{2}{36}$	0	$\frac{2}{36}$	$\frac{1}{36}$	0	0	0	0	0	0	0	0	0	0	$\frac{5}{36}$
7	0	0	0	0	0	$\frac{2}{36}$	0	0	$\frac{2}{36}$	$\frac{2}{36}$	0	0	0	0	0	0	0	0	$\frac{6}{36}$
8	0	0	0	0	0	0	0	0	0	$\frac{2}{36}$	$\frac{2}{36}$	$\frac{1}{36}$	0	0	0	0	0	0	$\frac{5}{36}$
9	0	0	0	0	0	0	0	0	0	0	0	0	$\frac{2}{36}$	$\frac{2}{36}$	0	0	0	0	$\frac{4}{36}$
10	0	0	0	0	0	0	0	0	0	0	0	0	0	0	$\frac{2}{36}$	$\frac{1}{36}$	0	0	$\frac{3}{36}$
11	0	0	0	0	0	0	0	0	0	0	0	0	0	0	0	0	$\frac{2}{36}$	0	$\frac{2}{36}$
12	0	0	0	0	0	0	0	0	0	0	0	0	0	0	0	0	0	$\frac{1}{36}$	$\frac{1}{36}$
Loi de P	$\frac{1}{36}$	$\frac{2}{36}$	$\frac{2}{36}$	$\frac{3}{36}$	$\frac{2}{36}$	$\frac{4}{36}$	$\frac{2}{36}$	$\frac{1}{36}$	$\frac{2}{36}$	$\frac{4}{36}$	$\frac{2}{36}$	$\frac{1}{36}$	$\frac{2}{36}$	$\frac{2}{36}$	$\frac{2}{36}$	$\frac{1}{36}$	$\frac{2}{36}$	$\frac{1}{36}$	1

Les variables aléatoires S et P ne sont pas indépendantes. En effet:

$$P(\text{"S=2"} \cap \text{"P=2"}) = 0 \text{ et } P(S=2)P(P=2) = \frac{1}{36} \times \frac{2}{36} \neq 0.$$

Chapitre 2: Mesure de l'information et de l'entropie

1. Introduction

La théorie des communications s'intéresse aux moyens de transmettre une information depuis une source jusqu'à un utilisateur (Figure 2.1). La nature de la *source* peut être très variée. Il peut s'agir par exemple d'une voix, d'un signal électromagnétique ou d'une séquence de symboles binaires. Le *canal* peut être une ligne téléphonique, une liaison radio ou encore un support magnétique ou optique: bande magnétique ou disque compact. Le canal sera généralement perturbé par un *bruit* qui dépendra de l'environnement et de la nature du canal: perturbations électriques, rayures, etc. Le *codeur* représente l'ensemble des opérations effectuées sur la sortie de la source avant la transmission. Ces opérations peuvent être, par exemple, la modulation, la compression ou encore l'ajout d'une redondance pour combattre les effets du bruit. Elles ont pour but de rendre la sortie de la source compatible avec le canal. Enfin, le *décodeur* devra être capable, à partir de la sortie du canal de restituer de façon acceptable l'information fournie par la source.

Dans le but de simplifier l'étude des systèmes de communication, nous étudierons séparément les modèles de sources et les modèles de canaux. Ceci peut se schématiser en séparant le codeur et le décodeur de la Figure 1.2 en deux parties. Le but du codeur de source est de représenter la sortie de la source, ou information, en une séquence binaire, et cela de la façon la plus économique possible. Le but du codeur de canal et de son décodeur est de reproduire le plus fidèlement possible cette séquence binaire malgré le passage à travers le canal bruité.

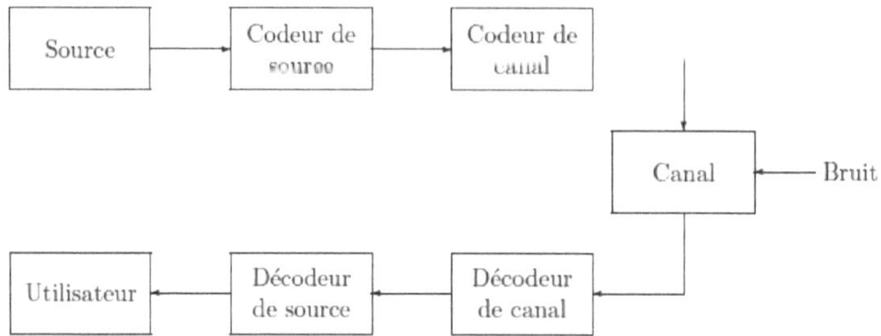

Figure 2.1: Système de communication avec codeurs de source et de canal séparés

Source: Voix, Musique, Image, Vidéo, Texte, etc.

Canal: Radio, Fil, Fibre optique, Support magnétique ou optique, etc.

Bruit: Perturbation électromagnétique, Rayures, etc.

Codeur de source: Représenter l'information à la sortie de codeur source en une séquence binaire la plus économique possible.

Codeur de canal: Adapter l'information avec les caractéristiques du canal (Débit, Capacité, Bande passante, etc.).

Décodeur de canal: Reproduire l'information originalement transmise par la source après codage.

Les objectifs de base de la théorie de l'information se résument comme suit:

Efficacité: Minimum de ressource.

Fiabilité: Restituer une information suffisamment fidèle à celle de la source.

Protection contre les erreurs: Détection et correction.

Efficacité du canal: Débit, Compression, Délais, Synchronisation.

Confidentialité des transmissions: Cryptage.

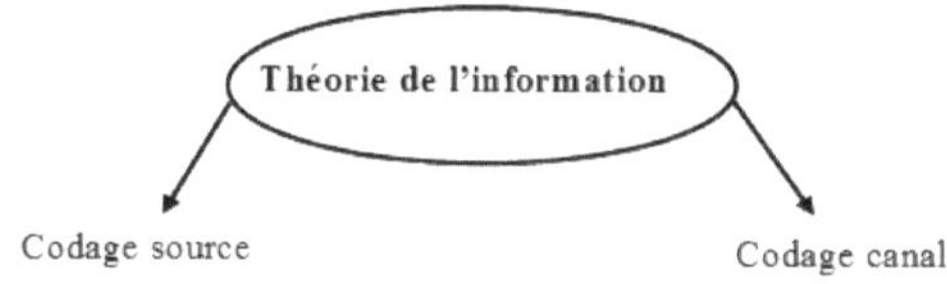

Figure 2.2: Principales domaines d'étude de la théorie d'information

2. Notion de Source/Canal

2.1. Hypothèses

Comme hypothèses on suppose que:

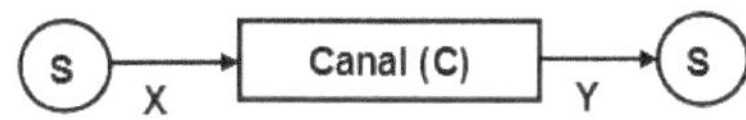

Figure 2.3: Modèle Source/Canal simplifié.

Source (S): Discrète, finie, et sans mémoire (stationnaire).

- $\begin{array}{c} S = \{x_1, x_2 ..., x_n\} \\ (Alphabets) \end{array}$ avec $P\left(x_k, t_i\right) = P\left(x_k, t_j\right)$

- **X:** Variable aléatoire avec $P(x_k) = P(X = x_k)$

$$\text{Probabilité pour que } X = x_k$$

Loi de probabilité: $P(x_1), P(x_2),..., P(x_n)$ avec $\sum_{k=1}^{n} P(x_k) = 1$

Canal (C): Discret sans mémoire.

- $\left. \begin{array}{l} E = \{x_1, x_2 ..., x_n\} \ Entrées \\ S = \{y_1, y_2 ..., y_m\} \ Sorties \end{array} \right) Alphabets \quad n = m \quad ou \quad n \neq m$

- (X, Y) Espace des épreuves de dimension (Cardinal) $n.m$.

- $(x_k, y_l) \Rightarrow P_{XY}(x_k, y_l)$ (Probabilité d'avoir simultanément $x = x_k \ et \ y = y_l$) loi de probabilité de X et Y (Jointe) avec $\sum_{k=1}^{n} \sum_{l=1}^{m} P_{XY}(x_k, y_l) = 1$.

2.2. Loi marginale

La probabilité d'un évènement est égale à la somme des probabilités des issues réalisant cet évènement:

$$P_X(x_k) = \sum_{l=1}^{n} P_{XY}(x_k, y_l) \qquad\qquad P_Y(y_k) = \sum_{k=1}^{n} P_{XY}(x_k, y_l)$$

2.3. Probabilité conditionnelle

La probabilité conditionnelle pour que $y = y_l$ sachant que $x = x_k$ est:

$$P_{Y/X}(y_l \setminus x_k) = \frac{P_{XY}(x_k, y_l)}{P_X(x_k)}\,; \quad P_X(x_k) \neq 0. \text{ De même } \quad P_{XY}(x_k \setminus y_l) = \frac{P_{XY}(x_k, y_l)}{P_Y(y_l)} \quad \text{avec}$$

$P_Y(y_l) \neq 0$. Si X et Y sont indépendantes $(X \cap Y = \phi) \Rightarrow P_{XY}(x_k, y_l) = P_X(x_k)P_Y(x_l)$.

$$\Rightarrow \begin{cases} P_{Y/X}(y_l \setminus x_k) = P_Y(y_l) \\ P_{X/Y}(x_k \setminus y_l) = P_X(x_k) \end{cases}$$

3. Mesure de l'information

3.1. Position du problème

Il apparait qu'il existe un lien entre l'information fournie par une source et la distribution de probabilité de la sortie de cette source. En effet, plus l'évènement donné par la source est probable, moins la quantité d'information correspondante est grande.

Qualitativement, on peut considérer que la qualité d'information reçue est d'autant plus grande que l'on ne s'attendait pas à ce qu'il se réalise. Plus précisément, si une lettre a_k a pour probabilité $P(a_k)$ d'être tirée, son *information propre* sera $i(a_k) = -\log_2 P(a_k)$. Cette définition parait conforme à l'idée intuitive que l'on peut se faire de l'information, et en particulier on a $i(a_k) = 0$ si $P(a_k) = 1$, c'est-à-dire que l'occurrence d'un évènement certain ne peut fournir aucune information.

Exemple:

- Soit N boîtes numérotées de 1 à N.
- Un individu A a caché un objet dans l'une des boites.
- Un individu B doit trouver cet objet.
    - $\Rightarrow$ Il peut poser des questions à A qui doit répondre Oui ou Non.
    - $\Rightarrow$ Chaque question a un coût (payé par B).

- Un individu C connaît la boite contenant l'objet et peut vendre l'information à B.
- Le nombre de questions nécessaire pour trouver la boite va conditionner le prix de l'information détenue par C.
- Il s'agit de la quantité d'information nécessaire pour déterminer la bonne boîte. Notons l cette quantité.

$\Rightarrow$ Si N = 1, l = 0. Il n'ya qu'une seule boite: Aucune question n'est nécessaire.

$\Rightarrow$ Si N = 2, l = 1. On demande si la boîte est la boîte n°1. La réponse OUI ou NON détermine sans ambiguïté quelle est la boîte cherchée.

$\Rightarrow$ Si N = 4, l = 2. On demande si la boîte porte le n°1 ou 2. La réponse permet alors d'éliminer 2, etc.

$\Rightarrow$ Si N = 2^k, l = k. On écrit les numéros des boîtes en base 2. Les numéros ont au plus k chiffres binaires, et pour chacun des rangs de ces chiffres, on demande si la boîte possède le chiffre 0 ou le chiffre 1. En k questions, on a déterminé tous les chiffres binaires de la bonne boîte. Chaque question ayant pour but de diviser successivement le nombre de boîtes par 2 (méthode de dichotomie).

$\Rightarrow$ On est donc amené à poser $l = \log_2(N)$, mais cette configuration ne se produit que dans le cas de N évènements équiprobables.

3.2. Quantité d'information relative à un évènement

Supposons que les boîtes de l'exemple précédent sont colorées et qu'il y'ait n boîtes rouges.

- Si C ne sache pas que la boîte ou est caché l'objet est rouge : $l = \log_2(N)$.

- S'il sache $\Rightarrow$ $l = \log_2(n)$.

Le prix de l'information *«la boîte cherchée est rouge»* est donc:

$l-\log_2(N).\log_2(n)=\log_2(N/n)$ avec $n/N=P(E)$; E= Evènement $\Rightarrow$ L'incertitude $I(E)=\log_2(1/P(E))$. Ceci est due au faite qu'il ya une correspondance entre l'incertitude (self-information) d'un évènement et sont caractère plus ou moins probable.

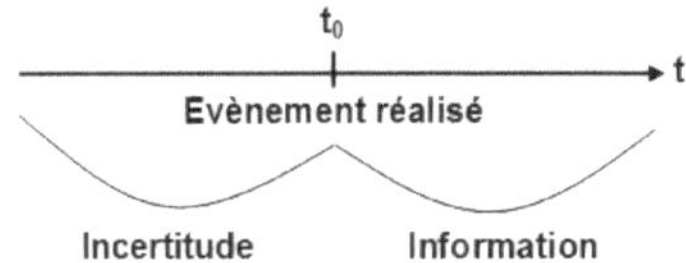

Figure 2.4: Correspondance Incertitude/Information

On est amené à définir la mesure d'incertitude comme une fonction d'une application probabilisé ce qui nécessite de disposer d'un espace probabilisé. Une information est liée à un évènement réalisé. L'information n'a de sens que si l'évènement réalisé est précédé d'une incertitude: Inf(Evènement) = Incertitude(Evènement). Différence dans le temps mais les quantités sont égales.

3.3. Formulation mathématique de Shannon

Soit $\Omega(T, P)$ un espace probabilisé et E un évènement de T. On se propose de définir une mesure d'information liée à l'évènement E de telle sorte que:

- $i(E)$ $\uparrow$ si $P(E)$ $\downarrow$ $\Rightarrow$ $I(E) = f[\dfrac{1}{P(E)}]$, avec f est une fonction décroissante de $P(E)$.

- $i(E) = 0$ si $P(E) = 1$ $\Rightarrow$ Il n'ya aucune information (Incertitude) quand la réalisation de l'évènement est certain $\Rightarrow$ $f(1) = 0$.

- Si E et F deux évènements indépendantes, $i(E, F) = i(E) + i(F)$, c'est-à-dire.

$$f[\frac{1}{P(E,F)}]=f[\frac{1}{P(E)}.\frac{1}{P(F)}]=f[\frac{1}{P(E)}]+f[\frac{1}{P(F)}]$$

- On cherche une fonction f telle que:

$$\begin{cases} f : \ [1,+\infty[\to IR^+ \\ f \ \text{est croissante} \\ f(x,y)=f(x)+f(y) \\ f(1)=0 \end{cases}$$

On établit une équation différentielle vérifiée par f: $\dfrac{df(x,y)}{dx}=\dfrac{df(x)}{dx}=y\dfrac{df(x,y)}{dx}$.

Posons: $y=\dfrac{1}{x} \Rightarrow \dfrac{df(x)}{dx}=\dfrac{1}{x}f'(1)$ avec $f'(1)>0$.

$\Rightarrow \dfrac{df(x)}{dx}=\dfrac{\alpha}{x} \Rightarrow df(x)=\alpha\dfrac{dx}{x} \Rightarrow f(x)=\alpha Log(x)$ avec $\alpha>0 \Rightarrow f(x)=\beta\dfrac{Log(x)}{Log(a)}=\beta\log_a(x); \ a>1$.

On peut choisir $\beta=1$. Donc $i(E) = -\log_a[P(E)]$.

Remarque: Si on choisit a = 2, f est la fonction logarithme à base 2 et l'unité de l'information (Incertitude) est le Bit (ou Shannon). Notons que: Bit (BInary uniT) $\neq$ Bit (Binary digit).

- i(E) peut être interprété:
  - ✓ A priori, par l'incertitude qui règne sur la réalisation de E.
  - ✓ A postériori, par l'information apportée par la réalisation de E.

3.4. Information conditionnelle

Dans le cas d'une application probabilisé conditionnelle on a:

$$i(F|E)=-\log_2[P(F|E)]=-\log_2[\dfrac{P(F,E)}{P(E)}]=-\log_2[P(F,E)]+\log_2[P(E)]=i(F,E)-i(E) \Rightarrow i(F,E)=i(E)+i(F|E)$$

Dans le cas où les évènements sont indépendants: $i(F, E)=i(E)+i(F)$

3.5. Information mutuelle

Si nous voulons quantifier la corrélation entre deux évènements, il faut se demander comment la réalisation de l'un d'entre eux va modifier l'incertitude sur l'autre.

La probabilité a priori P(E) va devenir la probabilité à posteriori $P(E|F)$. La différence entre les deux «Quantités d'incertitude» correspond à l'information mutuelle entre E et F:

$$i(E, F) = i(E) - i(E|F) = \log_2 [\frac{P(E|F)}{P(E)}]$$

Figure 2.5: Diagramme de Venne

L'information mutuelle est symétrique $\Rightarrow i(E, F) = i(F, E) = \log_2 [\frac{P(E, F)}{P(E).P(F)}]$

- $i(E, F) \geq 0$ ssi $P(E|F) \geq P(E)$; la réalisation de F augmente la possibilité d'occurrence de E.

- $i(E, F) \leq 0$ ssi $P(E|F) \leq P(E)$; la réalisation de F diminue la possibilité d'occurrence de E.

- $i(E, F) \leq 0$ ssi $P(E|F) \leq P(E)$; la réalisation de F diminue la possibilité d'occurrence de E.

- $i(E, F) = 0$ ssi $P(E|F) = P(E)$; les évènements sont indépendants.

4. Entropie de l'information

4.1. Définitions

Pour définir l'information, Shannon se base sur le 2ème principe de la thermodynamique énoncé par Carnot: "Dans un système physique, l'énergie tend à se dégrader". En thermodynamique ce principe décrit le degré croissant de désordre dans le fonctionnement d'un système. En communication il décrit le degré d'incertitude sur la réalisation d'un évènement. L'information, elle aussi est soumise à l'entropie. Mais, en même temps elle est une lutte contre l'entropie puisqu'elle consiste à imposer un ordre à un message.

Une information fournie par une source est fortement liée à la distribution de probabilité de cette source. Par exemple pour l'exemple traité dans la section 3.1, supposons que les boîtes soient de divers couleurs:

- ✓ n_1 boîtes de couleur C_1, n_2 boîtes de couleur C_2,…,n_k boîtes de couleur C_k. Avec $n_1 + n_2 + … + n_k = N$.

- ✓ L'individu C sait de quelle couleur est la boîte recherché. Quelle est le prix de cette information?

  ⇒ L'information «la boîte est de couleur C_1» vaut $log_2(N/n_1)$, et cette éventualité à une probabilité n_1/N.

  ……

  L'information «la boîte est de couleur C_k» vaut $log_2(N/n_k)$, et cette éventualité à une probabilité n_k/N.

  ⇒ Le prix moyen de l'information est donc:

  $(n_1/N)log_2(N/n_1) + … + (n_k/N)log_2(N/n_k) = P_1 log_2(1/P_1) + … + P_k log_2(1/P_k)$

  ⇒ Cette quantité s'appelle *l'entropie de la distribution de probabilité*.

Donc l'entropie d'un espace probabilisé $X = \{a_1, …, a_n\}$ est défini par:

$$H(X) = \sum_{k=1}^{K} -P(a_k) \log_2 P(a_k) = \sum_{k=1}^{K} P(a_k) I(a_k)$$

= Moyenne de l'information de cet espace.

Or sachant que pour $x_k \in X = \{ x_1, …, x_n \}$, l'Espérance mathématique (moyenne statistique) est donné par: $E_x = \sum_{k=1}^{n} x_k P_k(x_k)$, on a par identification:

$$H(X) = E_X [\log_2 \frac{1}{P_X(a_k)}].$$

Entropie conjointe: Si $p(x_i, y_j)$ est la densité de probabilité jointe entre deux caractères alors la quantité $I(x_i, y_j) = p(x_i, y_j) \log(\frac{1}{p(x_i \cdot y_j)})$ d'information jointe est:

L'entropie jointe des $H(X,Y) = \sum_i \sum_j p(x_i \cdot y_j) \log(\frac{1}{p(x_i \cdot y_j)})$ deux sources est alors la quantité d'information moyenne jointe entre deux caractères de la source:

Dans le cas ou les deux sources sont indépendantes: $p(x_i, y_i) = p(x_i)p(y_i)$

$$H(X.Y) = \sum_{i,j} p(x_i) p(y_j) \log \frac{1}{p(x_i) p(y_j)}$$

$$= \sum_{i,j} p(x_i) p(y_j) \log \frac{1}{p(x_i)} + \sum_{i,j} p(x_i) p(y_j) \log \frac{1}{p(y_j)}$$

$$= \sum_j p(y_j) \underbrace{\sum_i p(x_i) \log \frac{1}{p(x_i)}}_{H(X)} + \sum_i p(x_i) \underbrace{\sum_j p(y_j) \log \frac{1}{p(y_j)}}_{H(Y)}$$

$$= H(X,Y) = H(X) + H(Y)$$

Entropie mutuelle: Généralisation du calcul précédent avec les sources dépendantes en faisant apparaître les deux termes précédents:

$$H(X.Y) = \sum_{i,j} p(x_i.y_j) \log \frac{1}{p(x_i.y_j)}$$

$$= \sum_{i,j} p(x_i.y_j) \log \frac{p(x_i) p(y_j)}{p(x_i.y_j)} + \sum_{i,j} p(x_i.y_j) \log \frac{1}{p(x_i) p(y_j)}$$

$$= \sum_{i,j} p(x_i.y_j) \log \frac{p(x_i) p(y_j)}{p(x_i.y_j)} + \sum_{i,j} p(x_i.y_j) \log \frac{1}{p(x_i)} + \sum_{i,j} p(x_i.y_j) \log \frac{1}{p(y_j)}$$

$$= \sum_{i,j} p(x_i.y_j) \log \frac{p(x_i) p(y_j)}{p(x_i.y_j)} + \sum_i \log \frac{1}{p(x_i)} \underbrace{\sum_j p(x_i.y_j)}_{p(x_i)} + \sum_j \log \frac{1}{p(y_j)} \underbrace{\sum_i p(x_i.y_j)}_{p(y_j)}$$

$$= \sum_{i,j} p(x_i.y_j) \log \frac{p(x_i) p(y_j)}{p(x_i.y_j)} + H(X) + H(Y)$$

Dans ce résultat le premier terme est un terme supplémentaire par rapport au cas de sources indépendantes: c'est le terme d'information mutuelle. Sachant que

$p(x_i,y_j) \geq p(x_i)p(y_j)$ ce terme est négatif. En définissant la quantité d'information mutuelle I(X, Y) entre les deux sources comme une quantité positive nous aurons:

$$I(X.Y) = \sum_{i,j} p(x_i.y_j) \log \frac{p(x_i.y_j)}{p(x_i).p(y_j)} \qquad H(X.Y) = H(X) + H(Y) - I(X.Y)$$

Nous retrouvons le cas de deux sources indépendantes pour lesquelles:

$$p(x_i,y_i) = p(x_i)p(y_j) \Rightarrow I(X,Y) = 0 \Rightarrow H(X,Y) = H(X) + H(Y)$$

Entropie conditionnelle: Nous pouvons aussi définir à partir des densités de probabilité conditionnelles une quantité $I(x_i/_{y_j}) = \log \dfrac{1}{p(x_i/_{y_j})}$ d'information conditionnelle:

Puis une entropie conditionnelle:

$$H(X/_{y_j}) = \sum_i p(x_i/_{y_j}) I(x_i/_{y_j}) = \sum_i p(x_i/_{y_j}) \log \frac{1}{p(x_i/_{y_j})}$$

Et enfin une entropie conditionnelle moyenne:

$$H(X/_Y) = \sum_j p(y_j) H(X/_{y_j}) = \sum_j p(y_j) \sum_i p(x_i/_{y_j}) \log \frac{1}{p(x_i/_{y_j})}$$

Relation quantité d'information mutuelle/entropie conditionnelle moyenne:
L'entropie conditionnelle permet d'obtenir d'autres formulations de ces quantités en utilisant la loi de Bayes: p(x , y) = p(x/y).p(y) = p(y/x)p(x)

$$\begin{aligned}
I(X.Y) &= \sum_{i,j} p(x_i.y_j) \log \frac{p(x_i.y_j)}{p(x_i).p(y_j)} = \sum_{i,j} p(x_i/_{y_j}) p(y_j) \log \frac{p(x_i/_{y_j}) p(y_j)}{p(x_i).p(y_j)} \\
&= \sum_{i,j} p(x_i/_{y_j}) p(y_j) \log p(x_i/_{y_j}) + \sum_{i,j} \underbrace{p(x_i/_{y_j}) p(y_j)}_{= p(y_j/_{x_i}) p(x_i)} \log \frac{1}{p(x_i)} \\
&= \underbrace{\sum_j p(y_j) \sum_i p(x_i/_{y_j}) \log p(x_i/_{y_j})}_{-H(X/_Y)} + \sum_{i,j} p(y_j/_{x_i}) p(x_i) \log \frac{1}{p(x_i)} \\
&= -H(X/_Y) + \underbrace{\sum_i p(x_i) \log \frac{1}{p(x_i)} \underbrace{\sum_j p(y_j/_{x_i})}_{=1}}_{H(X)}
\end{aligned}$$

Un résultat semblable peut être établi en permutant le rôle de x et y d'où les deux expressions équivalentes de la quantité d'information mutuelle.

$$I(X.Y) = H(X) - H(X/Y) = H(Y) - H(Y/X)$$

Ces expressions ajoutent deux nouvelles formulations de l'entropie jointe des deux

$$H(X.Y) = H(X) + H(Y) - I(X.Y) = H(X) + H(Y/X) = H(Y) + H(X/Y)$$

sources:

Donc pour deux variables statistiquement indépendantes X_1 et X_2, on a:

$$H(X_1, X_2) = H(X_1) + H(X_2/X_1) = H(X_1) + H(X_2)$$

Ainsi $H(X, X) = 2H(X)$ et $H(X, X, …X) = NH(X)$.

Théorème: Soit un espace probabilisé joint discret XY. L'information mutuelle moyenne $I(X, Y)$ de X et de Y vérifie, avec égalité si et seulement si X et Y sont statistiquement indépendants: $I(X, Y) \geq 0$

Preuve: Montrons que $-I(X, Y) \leq 0$. On a:

$$
\begin{aligned}
-I(X;Y) &= \sum_{x,y} P(x,y) \log_2 \frac{P(x)P(y)}{P(x,y)} \\
&\leq \log_2 e \sum_{x,y} P(x,y) \left(\frac{P(x)P(y)}{P(x,y)} - 1 \right) \\
&\leq \log_2 e \left(\sum_{x,y} P(x)P(y) - \sum_{x,y} P(x,y) \right) \\
&\leq \log_2 e \left(\sum_{x} P(x) \sum_{y} P(y) - 1 \right) = 0,
\end{aligned}
$$

et il y a égalité si et seulement si $P(x)P(y) = P(x, y)$ pour tout couple (x, y). L'inégalité est donc prouvée et puisque x et y sont indépendants si et seulement si $P(x, y) = P(x)P(y)$, l'égalité $I(X, Y) = 0$ est vraie si et seulement si X et Y sont statistiquement indépendants. Ce résultat signifie essentiellement qu'en moyenne le fait de connaitre la valeur de y dans Y diminue toujours l'incertitude sur X, sauf si X et Y sont indépendants, auquel cas aucune information n'est apportée.

Donc vue que la quantité d'information mutuelle moyenne est toujours positive ou nulle:

$$H(Y/X) \leq H(Y)$$

Ce qui implique que le conditionnement réduit l'entropie.

L'information mutuelle moyenne peut être étendue au cas de l'information conditionnelle moyenne d'un espace X.Y.Z: I(X, Y/Z) = H(X/Z) – H(X/Y, Z) = H(Y/Z) – H(Y/X, Z). La relation des entropies peut être représenté par le diagramme suivant.

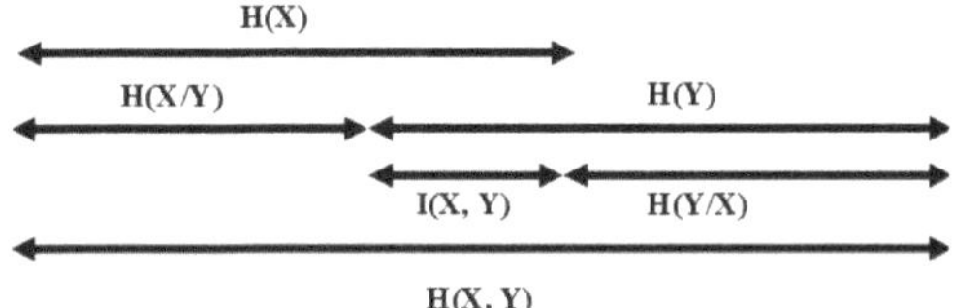

Figure 2.6: Diagramme des entropies

4.2. Unités

L'unité de l'entropie dépend du choix de la base a du logarithme log_a:

- $a = 2$, l'unité est le bit de Shannon (le calcul se fait en bit).
- $a = 10$, l'unité est le digit.
- $a = e$, l'unité est le mat. Dans ce cas $log_a = Ln$ (logarithme népérien).

Le passage d'une base à l'autre se fait par la relation: $log_a(n) = Ln(n)/Ln(a)$. L'entropie d'une source est parfois donnée en bits/seconde. Si l'entropie d'une source est H, et si les lettres sont émises toutes les τ_s secondes, son entropie en bit/s sera H / τ_s.

4.3. Propriétés utiles de l'entropie

- L'entropie dépend uniquement de l'ensemble des valeurs de $P_X(a_k)$ et pas des valeurs de $a_k \in X$.

- Non-négativité: H(Y) $\geq$ 0; tous les termes dans la somme est $\geq$ 0:

$$I(X,Y) = H(X) - H(X/Y) = H(Y) - H(Y/X) \geq 0:$$

$$H(Y/X) \leq H(Y)$$

$$H(Y) \geq 0$$

- Born supérieure de l'entropie: Pour une source de cardinal K on a: H(X) $\leq$ log$_2$K:

$$
\begin{aligned}
H(X) - \log_2 K &= \sum_x P(x) \log_2 \frac{1}{P(x)} - \sum_x P(x) \log_2 K \\
&= \sum_x P(x) \log_2 \frac{1}{KP(x)}.
\end{aligned}
$$

Sachant que:

$$
\begin{aligned}
\log_2 z &< (z-1)\log_2 e \quad \text{si } z > 0, z \neq 1 \\
\log_2 z &= (z-1)\log_2 e \quad \text{si } z = 1
\end{aligned}
$$

Pour $z = 1/(KP(x))$

$$
\begin{aligned}
H(X) - \log_2 K &\leq \log_2 e \sum_x P(x)\left(\frac{1}{KP(x)} - 1\right) \\
&\leq \log_2 e \left(\sum_x \frac{1}{K} - \sum_x P(x)\right) = 0.
\end{aligned}
$$

avec égalité si et seulement si z = 1/(KP(x))= 1 pour tout x. Donc sauf si la loi de probabilité est uniforme.

- Le conditionnement réduit l'entropie: H(Y/X) $\leq$ H(Y)

5. Cas des sources continues

Pour le cas des sources continues, l'espace des épreuves est: $]-\infty, +\infty[$. La probabilité $P(X = x)$ est une fonction réelle continue notée p(x) (densité de probabilité) dont l'intégrale sur x vaut 1. On peut aussi définir un ensemble probabilisé joint XY continu à l'aide d'une densité de probabilité $P_{XY}(x, y)$. Par analogie avec le cas discret on a:

Table 2.1: Correspondance entre espaces probabilisés discret et continu

		cas discret	cas continu
espace des épreuves	X	$\{a_1, \ldots, a_K\}$	$]-\infty, +\infty[$
loi de probabilité	P_X	$P(a_1), \ldots, P(a_K)$	$p(x), \ x \in\ ]-\infty, +\infty[$
		$\displaystyle\sum_{k=1}^{K} P(a_k) = 1$	$\displaystyle\int_{-\infty}^{+\infty} p(x)dx = 1$
moyenne d'une v.a. réelle	$\bar{v}$	$\displaystyle\sum_{k=1}^{K} v(a_k)P(a_k)$	$\displaystyle\int_{-\infty}^{+\infty} v(x)p(x)dx$

Les lois marginales sur X et Y est:

$$p_X(x) = \int_{-\infty}^{\infty} p(x,y)dy$$

$$p_Y(y) = \int_{-\infty}^{\infty} p(x,y)dx$$

Les densités de probabilités conditionnelles:

$$p_{Y|X}(y \mid x) = \frac{p_{XY}(x,y)}{p_X(x)} \qquad p_{X|Y}(x \mid y) = \frac{p_{XY}(x,y)}{p_Y(y)}$$

L'information mutuelle entre x et y est définie par:

$$I(x; y) = \log_2 \frac{p(x,y)}{p(x)p(y)}$$

L'information propre de x est définie par:

$$I(x) = -\log_2 p(x)$$

L'information propre conditionnelle de x sachant y est définie par:

$$I(x) = -\log_2 p(x \mid y)$$

Pour un espace probabilisé jointe continu, l'information mutuelle moyenne entre X et X est définie par:

$$I(X; Y) = \int_{-\infty}^{\infty} \int_{-\infty}^{\infty} p(x,y) \log_2 \frac{p(x,y)}{p(x)p(y)} dxdy$$

L'entropie de X est défini par:

$$H(X) = \int_{-\infty}^{\infty} -p(x)\log_2 p(x)dx$$

L'entropie conditionnelle de X sachant Y est définie par:

$$H(X \mid Y) = \int_{-\infty}^{\infty}\int_{-\infty}^{\infty} -p(x,y)\log_2 p(x \mid y)dxdy$$

6. Position du problème de codage

Soit $S = \{a_1, a_2, a_3, a_4\} \xrightarrow{\quad(CS)\quad}$ Symboles binaires. Considérons les deux lois de probabilités, loi 1 (alphabets équiprobables) et loi 2 (alphabets de différentes probabilités):

Table 2.2: Lois de probabilités, (a) loi 1 et (b) loi 2

Loi 1	Loi 2
1/4	1/2
1/4	1/4
1/4	1/8
1/4	1/8

(a)

Alphabets	Codage 1	Codage 2
a_1	00	0
a_2	01	10
a_3	10	110
a_4	11	111

(b)

Le codage 1 est à longueur fixe et le codage 2 est à longueur variable. La longueur moyenne (nombre moyenne des symboles binaires utilisés) est:

$$Code\ 1 \Rightarrow \begin{cases} loi\ 1 \Rightarrow \dfrac{1}{4}(2+2+2+2)=2\,symboles. \\[2mm] loi\ 2 \Rightarrow 2\times\dfrac{1}{2}+2\times\dfrac{1}{4}+2\times\dfrac{1}{8}+2\times\dfrac{1}{8}=2\,symboles. \end{cases}$$

$$Code\ 2 \Rightarrow \begin{cases} loi\ 1 \Rightarrow \dfrac{1}{4}(1+2+3+3)=\dfrac{9}{4}=2{,}25\ S\,/\,alphabet\ en\ moyenne. \\[2mm] loi\ 2 \Rightarrow 1\times\dfrac{1}{2}+2\times\dfrac{1}{4}+3\times\dfrac{1}{8}+3\times\dfrac{1}{8}=\dfrac{7}{4}=1{,}75\ symboles\,/\,alphabet\ en\ moyenne. \end{cases}$$

Le meilleur code dépend de la loi de probabilité d'émission de la source. Donc il est important pour coder correctement une source de connaître sont comportement statistique (sa loi de probabilité).

6.1. Formulation de Shannon

6.1.1. Premier théorème de Shannon

L'entropie d'une source est le nombre moyen minimal de symboles (binaires) par lettre nécessaires pour représenter la source. La longueur moyenne de tout code est au moins égale à l'entropie.

6.1.2. Interprétation

Dans l'exemple précédent:

- Loi 1: $H(X) = 4[\frac{1}{4} log_2(4)] = 2\,bits$

- Loi 2: $H(X) = \frac{1}{2} log_2(2) + \frac{1}{4} log_2(4) + 2[\frac{1}{8} log_2(8)] = 1,75\,bits$

Si un alphabet contient 2^n lettres équiprobables, le nombre de symboles binaires nécessaires est égale à n. Or:

$$H(X) = \sum_{k=1}^{2^n} p\, log_2(\frac{1}{p}); \quad p = \frac{1}{2^n}$$

$$= \sum_{k=1}^{2^n} \frac{1}{2^n} log_2(2^n) = \frac{1}{2^n} n \sum_{k=1}^{2^n} 1 = n$$

- Le code optimal n'atteint l'entropie que si les probabilités sont des puissances de 1/2.

- La définition de l'entropie d'une source selon Shannon est telle que plus la source est redondante, moins elle contient d'information.

- En l'absence de contraintes particulières, l'entropie est maximale pour une source dont tous les symboles sont équiprobables.

- Une source réputée envoyer toujours le même symbole, disons la lettre 'a', a une entropie nulle, c'est à dire minimale. En effet, un récepteur qui connait seulement les statistiques de transmission de la source est assuré que le prochain symbole sera un 'a', sans jamais se tromper.

- Le récepteur n'a pas besoin de recevoir de signal pour lever l'incertitude sur ce qui a été transmis par la source car celle-ci n'engendre pas d'aléa.

- Par contre, si la source est réputée envoyer un 'a' la moitié du temps et un 'b' l'autre moitié, le récepteur est incertain de la prochaine lettre à recevoir. L'entropie de la source dans ce cas est donc non nulle (positive) et représente quantitativement l'incertitude qui règne sur l'information émanant de la source.

- Du point de vue du récepteur, l'entropie indique la quantité d'information qu'il lui faut obtenir pour lever complètement l'incertitude sur ce que la source a transmis.

7. Conclusion

L'étude des systèmes de communication, est basée sur des modèles mathématiques de sources et de canaux. Cette modélisation montre qu'on peut mesurer mathématiquement la quantité de l'information en faisant un rapprochement avec les principes de la thermodynamique.

Ce chapitre a présenté quelques notions et résultats liés à l'apport qui existe entre l'information et l'entropie: Entropie conditionnel, Entropie conjointe, Entropie mutuelle, etc. La position du problème de codage et l'interprétation du premier théorème de Shannon, sujets du prochain chapitre, ont été présenté à la fin de ce chapitre.

Série 2: Information/Entropie

Exercice 1:

On considère deux variables aléatoires X et Y telles que:

P(X = 0, Y = 0) = 1/3; P(X = 0; Y = 1) = 1/3

P(X = 1, Y = 0) = 0; P(X = 1; Y = 1) = 1/3

Calculer les quantités:

    1) H(X); H(Y)

    2) H(X|Y); H(Y|X)

    3) H(X, Y)

    4) I(X, Y)

Exercice 2:

Soit une variable aléatoire X = {1, 2, 3, 4, 5} associée aux probabilités {1/2, 1/4, 1/8, 1/16, 1/16}.

1) Déterminer l'entropie H(X).

2) On définit le code binaire: {C(X=1)=0, C(X=2)=10, C(X=3)=110, C(X=4)=1110, C(X=5)=1111}. Calculer la longueur moyenne (en bits) des mots-code.

3) Comparer les deux résultats précédents.

Exercice 3:

Soit une variable aléatoire X ayant une distribution de probabilité uniforme sur un ensemble *A* de taille m, par exemple A = Z_m = {0, 1, . . .m − 1}.

1) Déterminer l'entropie H(X). En déduire sa valeur si m = 128.

2) Combien de bits sont nécessaires pour dénombrer un alphabet A de 128 éléments sans faire du codage.

Exercice 4:

1) Soit X une variable aléatoire discrète d'un espace probabilisé de cardinale n. Montrer que $H(X) \leq log(n)$

2) Soit X et Y deux variables aléatoires d'un espace probabilisé joint. Montrer l'égalité suivante (règle de la chaîne):

$$H(X,Y) = H(X) + H(Y/X) = H(Y) + H(X/Y).$$

Exercice 5:

Soient les variables aléatoires X et Y ayant la distribution de probabilité p(x, y) suivante:

	$Y =$		
$P(X,Y)$	0	1	2
0	$1/9$	$1/9$	$1/9$
$X =$ 1	$1/9$	0	$2/9$
2	$1/9$	$2/9$	0

1) Déterminer les entropies intrinsèques $H(X)$, $H(Y)$ et $H(X,Y)$.

2) Déduire les entropies conditionnelles $H(Y/X)$ et $H(X/Y)$.

Exercice 6:

Considérons un canal binaire symétrique de probabilité de transition ε, avec des entrées a_1 et a_2 équiprobables. Afin d'éviter une possible confusion, nous utiliserons les lettres a_1 et a_2 pour les entrées, et les lettres b_1 et b_2 pour les sorties au lieu des symboles binaires 0 et 1. Le canal binaire symétrique est défini par les probabilités conditionnelles $P(b_1|a_1) = P(b_2|a_2) = 1-\varepsilon$, $P(b_1|a_2) = P(b_2|a_1) = \varepsilon$. Sachant que $P(a_1) = P(a_2) = 1/2$.

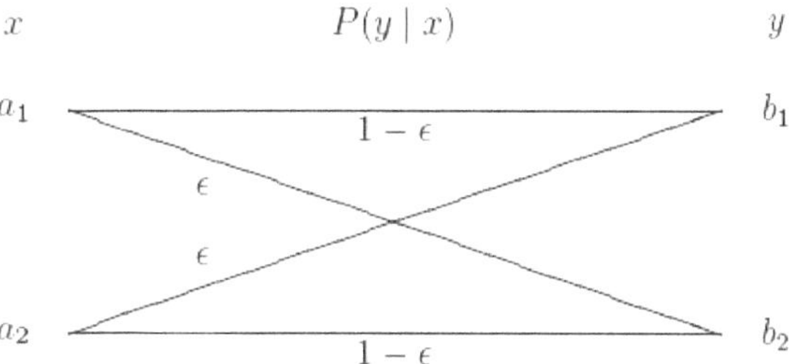

1) Déterminer les probabilités $P(a_1, b_1)$, $P(a_2, b_2)$, $P(a_1, b_2)$ et $P(a_2, b_1)$.

2) Déduire l'information mutuelle de chaque couple (a_k, b_j).

Exercice 7:

Un tournoi consiste dans une séquence de trois combats et termine aussitôt un des joueurs gagne deux combats. Soit X la variable aléatoire qui représente le résultat d'un tournoi entre les joueurs A et B, par exemple AA, ou BAB. Soit Y le nombre de combats effectués.

Sous l'hypothèse que les joueurs A et B sont équilibrés et que les combats sont indépendants, calculez H(X), H(Y), et H(X|Y).

Correction

Exercice 1:

1) La loi de X est donnée par:

P(X = 0) = P(X = 0, Y = 0) + P(X = 0; Y = 1) = 1/3 + 1/3 = 2/3 et P(X = 1) = 1/3. Donc:

H(X) = (1/3)$\log_2$(3) +(2/3)$\log_2$(3/2) = $\log_2$(3) – (2/3)$\log_2$(2) = $\log_2$(3) – 2/3.

Comme la loi de Y est la même que la loi de X on en déduit H(Y) = H(X) = 0,918 Shannon.

2) On a H(X, Y) = (1/3)$\log_2$(3) + (1/3)$\log_2$(3) + (1/3)$\log_2$(3) = $\log_2$ (3).

De H(X, Y) = H(Y) + H(X|Y) on déduit H(X|Y) = $\log_2$(3) - $\log_2$(3) + 2/3 = 2/3 Shannon. Comme H(X) = H(Y) on a de même H(Y|X) = H(X|Y) = 2/3 Shannon.

3) H(X, Y) = $\log_2$(3) = 1,585 Shannon.

4) I(X, Y) = H(X) + H(Y) - H(X, Y) = $\log_2$(3) – 4/3 = 0,251 Shannon.

Exercice 2:

1)

$$H(X) = \sum_{k=0}^{m-1} p_k \, log_2 \left(\frac{1}{p_k}\right)$$

$$= \frac{1}{2}\times 1 + \frac{1}{4}\times 2 + \frac{1}{8}\times 3 + 2\times\frac{1}{16}\times 4 = 1,875 \; Shannon$$

2) $L_m = \dfrac{1}{2}\times 1 + \dfrac{1}{4}\times 2 + \dfrac{1}{8}\times 3 + 2\times\dfrac{1}{16}\times 4 = 1,875 \; Shannon$

3) L'entropie nous donne la longueur moyenne minimale des mots-code que l'on peut obtenir.

Exercice 3:

1) $H(X)=\sum_{k=0}^{m-1} p_k \times log_2(\dfrac{1}{p_k}); \quad p_k=\dfrac{1}{m}$

$$=\sum_{k=0}^{m-1}\dfrac{1}{m}log_2(m)=\dfrac{1}{m}log_2(m)\sum_{k=0}^{m-1}1=\dfrac{1}{m}(m-1-0+1)log_2(m)=log_2(m)$$

$= 7$ bits si m = 128

2) Donc il faut 7 bits au minimum pour dénombrer un alphabet A de 128 éléments sans faire du codage.

Exercice 4:

1) $H(X)-log_2(n)=-\sum_{k=0}^{m-1}p(x_k)log_2[\,p(x_k)\,]+log_2(\dfrac{1}{n})$

$$=\sum_{k=1}^{n}p(x_k)log_2[\dfrac{1}{p(x_k)}]+\sum_{k=1}^{n}p(x_k)log_2(\dfrac{1}{n}).\ \text{En effet,}\ \sum_{k=1}^{n}p(x_k)=1.$$

$$=\sum_{k=1}^{n}p(x_k)log_2[\dfrac{1}{n.p(x_k)}]\ .\ \text{Car}\ \sum_{k=1}^{n}p(x_k)=1.$$

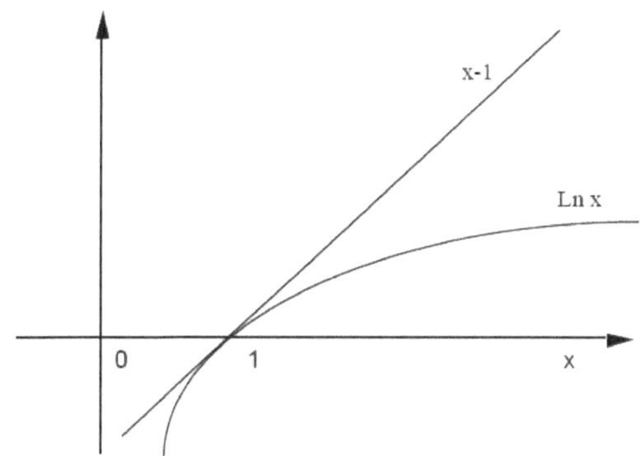

Le graphe ci-dessus montre que $log_2(x) \le x - 1$. Donc $log_2[\dfrac{1}{n\,p(x_k)}] \le \dfrac{1}{n\,p(x_k)}-1 \Rightarrow$

$\Rightarrow H(X) \le log_2(n) \Rightarrow H(X) = log_2(n)$ quand $p(x_k)=\dfrac{1}{n}$ (tous les éléments ont la même probabilité).

$$\sum_{k=1}^{n} p(x_k)\,log_2[\,\frac{1}{n\,p(x_k)}\,] \leq \sum_{k=1}^{n} p(x_k)\,log_2[\,\frac{1}{n\,p(x_k)} -1\,] \leq \sum_{k=1}^{n}\frac{1}{n} - \sum_{k=1}^{n} p(x_k) \leq n\frac{1}{n} -1 = 0$$

2) $H(Y\,|\,X) = \sum_{x,y} p(x,y)\,log_2[\,\frac{1}{p(\,y\,|\,x)}\,]$ avec $p(y\,|\,x) = \dfrac{p(y\,|\,x)}{p(x)}$

$$\Rightarrow H(Y\,|\,X) = \sum_{x,y} p(x,y)\,log_2[\,\frac{p(x)}{p(x,y)}\,] = \underbrace{-\sum_{x,y} p(x,y)\,log_2[\,p(x,y)\,]}_{H(X,Y)} + \underbrace{\sum_{x,y} p(x,y)\,log_2[\,p(x)\,]}_{-H(X)}$$

En effet: $\displaystyle\sum_{x,y} p(x,y)\,log_2[\,p(x)\,] = \sum_{x}(\underbrace{\sum_{y} p(x,y)}_{p(x)})\,log_2[\,p(x)\,] = \sum_{x} p(x)\,log_2[\,p(x)\,]$

$$= -(-\sum_{x} p(x)\,log_2[\,p(x)\,] = -H(X)$$

De même on montre que: H(X, Y) = H(X) + H(X|Y).

Exercice 5:

1)

$$
\begin{array}{c|c|c}
p(0,0) = \dfrac{1}{9} & p(0,1) = \dfrac{1}{9} & p(0,2) = \dfrac{1}{9} \\[2mm]
p(1,0) = \dfrac{1}{9} & p(1,1) = 0 & p(1,2) = \dfrac{2}{9} \\[2mm]
p(2,0) = \dfrac{1}{9} & p(2,1) = \dfrac{2}{9} & p(2,2) = 0
\end{array}
$$

- $H(X) = \sum_{k=0}^{2} p(x_k)\,log_2[\,\frac{1}{p(x_k)}\,]$ avec $p(x_k) = \sum_{k=0}^{2} p(x_k, y_k)$

$$\Rightarrow p(0) = p(0,0) + p(0,1) + p(0,2) = \frac{2}{9} = \frac{1}{3}$$

$$p(1) = p(1,0) + p(1,1) + p(1,2) = \frac{2}{9} = \frac{1}{3}$$

$$p(2) = p(2,0) + p(2,1) + p(2,2) = \frac{2}{9} = \frac{1}{3}$$

$$\Rightarrow H(X) = p(0)\,log_2[\frac{1}{p(0)}] + p(1)\,log_2[\frac{1}{p(1)}] + p(2)\,log_2[\frac{1}{p(2)}] = log_2(3)$$

- $H(Y) = \sum_{k=0}^{2} p(y_l)\,log_2[\frac{1}{p(y_l)}]$ avec $p(y_l) = \sum_{k=0}^{2} p(x_k, y_l)$

$$\Rightarrow p(0) = p(0,0) + p(1,0) + p(2,0) = \frac{1}{3}$$

$$p(1) = p(0,1) + p(1,1) + p(2,1) = \frac{1}{3}$$

$$p(2) = p(0,2) + p(1,2) + p(2,2) = \frac{1}{3} \Rightarrow H(Y) = \log_2(3)$$

- $H(X,Y) = \sum_{k=0}^{2} \sum_{l=0}^{2} p(x_k, y_l) \log_2[\frac{1}{p(x_k, y_l)}]$

$$= \sum_{k=0}^{2} (p(x_k,0) \log \, [\frac{1}{p(x_k,0)}] + p(x_k,1) \log_2[\frac{1}{p(x_k,1)}] + p(x_k,2) \log_2[\frac{1}{p(x_k,2)}])$$

$$= p(0,0) \log_2[\frac{1}{p(0,0)}] + p(1,0) \log_2[\frac{1}{p(1,0)}] + p(2,0) \log_2[\frac{1}{p(2,0)}]$$

$$+ p(0,1) \log_2[\frac{1}{p(0,1)}] + p(1,1) \log_2[\frac{1}{p(1,1)}] + p(2,1) \log_2[\frac{1}{p(2,1)}]$$

$$+ p(0,2) \log_2[\frac{1}{p(0,2)}] + p(1,2) \log_2[\frac{1}{p(1,2)}] + p(2,2) \log_2[\frac{1}{p(2,2)}]$$

$$= 3 \times \frac{1}{9} \log_2(9) + 2[\frac{1}{9} \log_2(9) + \frac{2}{9} \log_2(9)] = (\frac{3}{9} + \frac{6}{9}) \log_2(9) = \log_2(9)$$

2) Règle de la chaîne: H(Y|X) = H(X, Y) – H(X) = $\log_2(9)$ - $\log_2(3)$ = $2\log_2(3)$ - $\log_2(3)$ = $\log_2(3)$. De même H(Y|X) = $2\log_2(3)$ - $\log_2(3)$ = $\log_2(3)$.

Exercice 6:

x $P(y \mid x)$ y

a_1 $1 - \epsilon$ b_1

ϵ

ϵ

a_2 $1 - \epsilon$ b_2

$P(b_1|a_1) = P(b_2|a_2) = 1 - \varepsilon$, $P(b_1|a_2) = P(b_2|a_1) = \varepsilon$, $P(a_1) = P(a_2) = 1/2$.

1) $P(b_1|a_1) = \frac{p(a_1,b_1)}{p(a_1)} \Rightarrow P(a_1, b_1) = P(b_1|a_1)P(a_1) = \frac{1-\varepsilon}{2}$

$$P(a_2,\ b_2) = P(b_2|a_2)P(a_2) = \frac{1-\varepsilon}{2}$$

$$P(b_1|a_2) = \frac{p(b_1, a_2)}{p(a_2)} \quad \Rightarrow \quad P(b_1,\ a_2) = P(b_1|a_2)P(a_2) = \frac{\varepsilon}{2}$$

$$P(b_2|a_1) = \frac{p(b_2, a_1)}{p(a_1)} \quad \Rightarrow \quad P(a_1,\ b_2) = P(b_2|a_1)P(a_1) = \frac{\varepsilon}{2}$$

2) $i(x_k) = -log_2[p(x_k)]$

$i(x_k,\ y_l) = -log_2[p(x_k,\ y_l)]$

$$I(x_k,\ y_l) = i(x_k) - i(x_k|y_l) = \log_2[\frac{p(x_k\,|\,y_l)}{p(x_k)}$$

$$I(y_k,\ x_l) = i(y_l) - i(y_k|x_l) = \log_2[\frac{p(y_l\,|\,x_k)}{p(y_l)}$$

$$I(b_1,\ a_2) = i(b_1) - i(b_1|a_2) = \log_2[\frac{p(b_1\,|\,a_2)}{p(b_1)} = \log_2(2\varepsilon)$$

$$p(b_1) = \sum_{k=1}^{2} p(a_k, b_1) \;=\; p(b_1) = p(a_1, b_1) + p(a_2, b_1) = \frac{1-\varepsilon}{2} + \frac{\varepsilon}{2} = \frac{1}{2}$$

$$p(b_2) = \frac{1}{2}$$

$$I(b_2, a_1) = \log_2[\frac{p(b_2\,|\,a_1)}{p(b_2)} = \log_2(2\varepsilon)$$

$$I(a_1, b_1) = \log_2[\frac{p(b_1\,|\,a_1)}{p(b_1)} = \log_2[2(1-\varepsilon)]$$

$$I(a_2, b_2) = \log_2[\frac{p(b_2\,|\,a_2)}{p(b_2)} = \log_2[2(1-\varepsilon)]$$

$$I(a_1, b_1) = I(a_2, b_2) \text{ et } I(a_1, b_2) = I(a_2, b_1)$$

Interprétation: $I(a_1, b_1) = i(b_1) - i(b_1\,|\,a_1)$; $I(a_1, b_2) = i(b_2) - i(b_2\,|\,a_1)$

$\Rightarrow$ si $\varepsilon < \dfrac{1}{2}$ on a: $I(a_1, b_1) > 0 \;\Rightarrow\; i(b_1) > i(b_1\,|\,a_1) \;\Rightarrow\; p(b_1) < p(b_1\,|\,a_1)$

- Cela signifie que lorsqu'on observe à la sortie du canal la lettre b_1, la probabilité pour que a_1 ait été émise augmente:

- $i(b_2) < i(b_2 \mid a_1) \Rightarrow p(b_2) > p(b_2 \mid a_1)$. Cela signifie que si b_2 est observé, la probabilité pour que la lettre émise ait été a_1 diminue.

- Lorsque $\varepsilon = \dfrac{1}{2}$, toutes les informations mutuelles sont nulles, et donc les alphabets d'entrée et de sortie sont statistiquement indépendants, ce qui n'est pas évidemment souhaitable.

Exercice 7:

Arbre binaire:

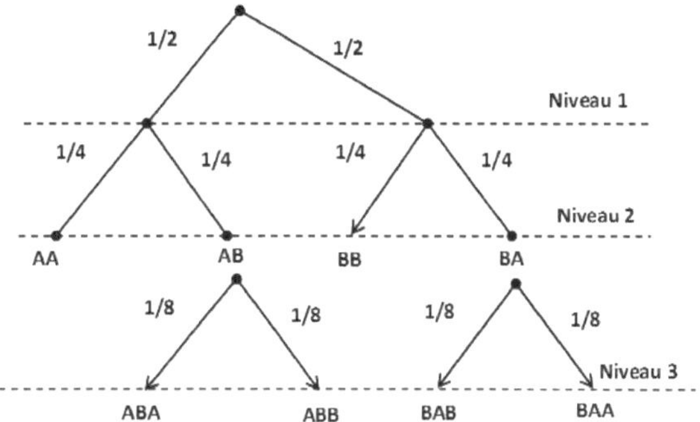

$X = \{AA, BB, ABA, ABB, BAB, BAA\}$

$\qquad x_1 \quad x_2 \quad x_3 \quad\quad x_4 \quad\quad x_5 \quad\quad x_6$

$P_X = \{1/4, 1/4, 1/8, 1/8, 1/8, 1/8\}$

$Y = \{y_1, y_2\}; P_Y = \{1/2, 1/2\}$

Les joueurs A et B sont équilibrés et les combats sont indépendants.

- $H(X) = \sum_{k=1}^{6} p_X(x_k) \log_2 \left[\dfrac{1}{p_X(x_k)}\right]$

$\qquad P_X(x_1) = P_{XY}(x_1, y_1) + P_{XY}(x_1, y_2)$

$\qquad\qquad = P_X(x_1) log_2 [P_X(x_1)] + \ldots + P_X(x_6) log_2 [P_X(x_6)]$

$$= \frac{1}{2}+\frac{1}{2}+4\times\frac{1}{8}\times 3 = 1+1,5 = 2,5\, bits$$

- $H(Y)=\sum_{l=1}^{2} p_Y(y_l)\log_2[\frac{1}{p_Y(y_l)}]$

$$= p_Y(y_1)\log_2[\frac{1}{p_Y(y_1)}+p_Y(y_2)\log_2[\frac{1}{p_Y(y_2)}$$

$$= \frac{1}{2}\times 1+\frac{1}{2}\times 1 = 1\; bit$$

- H(X|Y) est déterminé à partir du tableau suivant:

Y/X	AA	AB	ABA	ABB	BAA	BAB
2 (niveau 2)	$\frac{1}{4}$	$\frac{1}{4}$	0	0	0	0
3 (niveau 3)	0	0	$\frac{1}{8}$	$\frac{1}{8}$	$\frac{1}{8}$	$\frac{1}{8}$

$$\text{H(X|Y)} = 2\times\frac{1}{2}\times 2+4\times\frac{1}{8}\times 3 = 1+1,5-1 = 1,5\; bits$$

Chapitre 3: Codage source

1. Introduction

La problématique du codage source s'articule généralement sur les points suivants:

- A quelle condition peut-on compresser, sans perte d'information, le contenu d'une source ?
- Compte-tenu des caractéristiques intrinsèques d'une source, quelle performances (taux de compression) peut-on atteindre d'un codage de source ?
- Comment mettre en œuvre, de façon systématique, un codage de source ?

Pour être efficace, l'encodeur doit s'appuyer sur les caractéristiques probabilistes de la source. Les mots-codes les plus courts seront par exemple affectés aux messages les plus fréquents, i.e. de plus forte probabilité. Cette idée a été utilisée depuis longtemps par le code Morse. Par exemple pour la lettre la plus fréquente e on associe le code "**.**" et pour la lettre la moins fréquente q on associe le code "**..--**", etc.

Ce type de codage s'adapte bien à un opérateur Humain mais pas aux moyens de communication moderne (symboles binaires). Ainsi, le codage source est un vaste sujet qui a fait l'objet de nombreux ouvrages et articles. Il donne lieu aujourd'hui à de nombreuses recherches en raison des enjeux économiques. Il est utilisée majoritairement dans les applications informatiques et elle est une des conditions d'existence du multimédia. L'utilisation du codage et son mise en pratique nécessitent des connaissances nombreuses et complexes tels que le calcul intégral, l'algèbre linéaire, la géométrie fractale, la théorie des probabilités, etc.

Le codage consiste à réduire la taille physique de blocs d'informations. Il est très utile pour plusieurs applications informatiques. Les déférents algorithmes de codage sont basés sur 3 critères:

- Le taux de codage: c'est le rapport de la taille du fichier codé sur la taille du fichier initial.
- La qualité de codage: sans ou avec pertes (avec le pourcentage de perte).
- La vitesse de codage et de décodage.

Un codeur utilise un algorithme qui sert à optimiser les données en fonction du type de données à coder. Un décodeur est donc nécessaire pour reconstruire les données grâce à l'algorithme dual de celui utilisé pour le codage. La méthode de codage dépend du type de données à coder car une image ou un fichier audio ne représentent pas le même type de données. Ainsi de nos jours, la puissance des processeurs augmente plus vite que les capacités de stockage, et énormément plus vite que la bande passante des réseaux (car cela imposerait d'énormes changements dans les infrastructures de télécommunication).

Il y a donc un déséquilibre entre le volume des données qu'il est possible de traiter, de stocker, et de transférer. Par conséquent, il faut donc réduire la taille des données. Pour cela, il faut exploiter la puissance des processeurs, pour pallier aux insuffisances des capacités de stockage en mémoire et des vitesses de transmission sur les réseaux.

2. Principe de codage

Un codage d'une source discrète est une procédure qui associe à chaque séquence finie de lettre de la source une séquence finie de mots-code.

$$M = \left\{ a_1, a_2, ..., a_K \right\} \Rightarrow C = \left\{ c_1, c_2, ..., c_K \right\}$$

Figure 3.1: Principe de codage

$$\varphi : \to C$$

$$a_k \to c_k ; \quad c_k = x_1 x_2 ... x_N ; \quad x_i \in S$$

$$S = \{ symboles\ de\ codage \}$$

Exemples: En binaire $S = \{0,1\}$

Langue française: $S = \{a,b,c...,z\}$

$l_k = N$ représente la longueur du mot-code c_k (nombre de symboles).

Exemple: $c_k = 1011 \to l_k = 4$

- Un code sera dit régulier si deux lettres distinctes sont codées à l'aide de deux mots-code distincts.
- Le terme code est généralement utilisé pour désigner l'ensemble de mots de code.
- Un code non régulier implique une perte d'information.

3. Efficacité d'un code

L'efficacité d'un code d'une source X = {a_1,...,a_K} muni de la loi de probabilité {$p(a_1)$,..., $p(a_K)$}, d'entropie H(X) est donnée par: $E = \dfrac{H(X)}{\bar{n}}$ (généralement exprimée en %), avec $\bar{n} = \sum_{k=1}^{K} l_k \cdot p(a_k)$ est le nombre moyen de symboles binaires utilisés par lettre de la source, et l_k est la longueur du mot-code associé à a_k. Cette expression montre que:

- Un code est dit d'autant plus efficace que le nombre de codes possibles inutilisés est faible.
- Un code est dit d'autant plus efficace que la quantité d'information moyenne (H(X)) est plus élevée.

Exemple: X = {0, 1, …, 9} avec P_X est uniforme, le code de longueur fixe d'une telle source à une longueur au moins = 4. Donc $E = \dfrac{H(X)}{\bar{n}} = \dfrac{\log_2(10)}{4} = 0{,}83 = 83\%$.

Table 3.1: Codage BCD

lettre	0	1	2	3	4	5	6	7	8	9
mot de code	0000	0001	0010	0011	0100	0101	0110	0111	1000	1001

Figure 3.2: Cause du non optimalité d'un code à longueur fixe

Il est clair que ce code n'est pas optimal, puisque six mots binaires de longueur 4 sont inutilisés, donc ce code pourrait être utilisé pour une source ayant un cardinal 16.

On désigne par redondance d'un code, le nombre en % de mots-code inutilisés: ρ

$$= 1 - E = 1 - \frac{H(X)}{\bar{n}} = 1 - \frac{[\bar{n} - H(X)]}{\bar{n}} = 0{,}17 = 17\%$$ dans l'exemple traité.

Il est cependant possible d'améliorer l'efficacité du codage en considérant non plus des chiffres isolés mais des paires de chiffres. Ainsi la source peut être vue comme ayant pour alphabet l'ensemble X_2 = {00, 01,…, 99} de cardinal 100. Cette source reste munie d'une loi de probabilité uniforme, et son entropie vaut $H(X^2)$ = $\log_2(100)$ = 2H(X).

La puissance de 2 immédiatement supérieure à 100 est 2^7 = 128. Il existe donc un code régulier de X^2 de longueur 7. L'efficacité de ce code est cette fois égal à:

$$\frac{H(X^2)}{7} = \frac{2\log_2(10)}{7} = 0{,}95 \text{ ce qui est meilleur.}$$

En considérant la source X^3 de 1000 lettres, codées en 10 symboles binaires, on obtient une efficacité de 0,996.

D'une façon générale il est possible de considérer la source X^L des L-uplets de lettres de X. Le cardinal de cette source est K^L, et son entropie est $H(X^L) = LH(X)$.

4. Codes de longueurs fixes

Un code de longueur fixe est un code dont tous les mots de code ont la même longueur.

- Pour une longueur n il ya 2^n codes possibles avec: $K \leq 2^n$ (K est le cardinal de la source).
- Il ya égalité lorsque K est une puissance de 2. Dans le cas contraire on a: $2^{n-1} < K < 2^n => n-1 \leq \log_2(K) \leq n$. Donc $n-1 \leq \log_2(K)$ donne $n \leq \log_2(K) + 1 => \log_2(K) \leq n \leq \log_2(K) + 1$.
- De plus nous avons: $H(X) \leq \log_2(K) => n \geq H(X)$. L'égalité a lieu lorsque tous les symboles de la source sont équiprobables et lorsque K est une puissance de 2, qui n'est qu'un cas particulier $[H(X) = \log_2(K) = n] => E = \dfrac{H(X)}{n} \leq 1$ (100%).

5. Codes de longueurs variables

L'étude de codage à longueur fixe montre que ce dernier manque d'efficacité, car il attribue aux symboles très fréquents et aux symboles très rares des codes de même longueur.

Afin d'augmenter l'efficacité du codage source, l'idée de code Morse basée sur le caractère probabiliste de la source a été reprise et formalisée dans le cas du codage avec des mots-code de longueur variable.

5.1. Codes déchiffrables et codes irréductibles

L'utilisation d'un code de longueur fixe n, permet à la séquence binaire reçue d'être découpée en blocs de n symboles binaires qui seront décodés séparément. Le cas des codes de longueurs variables est plus problématique en ce qui concerne le découpage des mots.

Puisque deux mots consécutifs ont à priori des longueurs différentes, il faut concevoir des codes permettant la séparation sans ambigüité des mots-code. Pour introduire les notions essentielles nous allons utiliser un exemple de 4 codages possibles pour une source de 4 symboles.

Table 3.2: Exemple de 4 codages possibles pour une source de 4 symboles

Alphabet	Probabilité	Code I	Code II	Code III	Code IV
I	1/2	1	0	0	0
B	1/4	00	10	01	01
F	1/8	01	110	011	011
O	1/8	10	111	111	0111

5.1.1. Code non déchiffrable

Avec le code I et pour décoder: 001001 (BOF), on peut l'interpréter comme 00 1 00 1 (BIBI). Donc un code non déchiffrable est un code qui n'est pas décodables de manière unique.

5.1.2. Code déchiffrable non instantanée

Avec le code III et pour décoder le message 0111011 (BOF), au décodage nous pouvons interpréter le message comme: 0 111… c'est-à-dire IO…, mais ici nous rendons compte du fait que ce qui suit c'est-à-dire soit 1, soit 10, soit 101 ne sont pas des codes. On revient en arrière pour modifier l'interprétation soit 01 111 011 et retrouver le bon message. Donc c'est un code déchiffrable d'une manière unique mais d'une manière non instantané qui engendre généralement un ensemble de problèmes comme suit:

- Difficulté de prendre une séquence codée «en marche» (problème de synchronisation).
- Problème de "délai": le nombre de symboles de code qu'on peut avoir besoin d'examiner au-delà de ceux qui codent une lettre, avant de pouvoir décoder cette lettre.

Exemple: C = {0, 01, 11} => déchiffrable, mais pour décoder 011…1, il faut connaître la parité du nombre de 1 consécutifs avant d'être capable de décoder la première lettre (délai non borné). Donc c'est difficile à identifier.

5.1.3. Code avec séparateur

Le code IV est un code avec séparateur (comma codes), le symbole "0" permet la distinction des mots-codes, de la même façon qu'un espace sépare les mots d'un texte. Donc c'est un code déchiffrable d'une manière unique et instantanée (ex. Morse).

Ce code est généralement non optimal parce qu'il utilise des bits supplémentaire pour la séparation.

5.1.4. Codes préfixes (irréductibles)

Parmi les codes déchiffrables (réversibles-non singulier), ceux qui sont plus recherchés sont les codes qui remplissent les conditions suivantes:

- Décodables d'une manière unique
- Instantanés
- Optimaux

D'où la nécessité des codes préfixes (irréductibles).

Le code II est un code préfix. En effet, il n'ya aucun code qui est le "préfixe" d'un autre code. Donc un code c = {M_1,…, M_K} est dit préfixe s'il n'existe pas deux mots de code M_i, M_j (autre que i = j) tels que M_i soit un préfixe de M_j. De tels codes sont dit irréductibles.

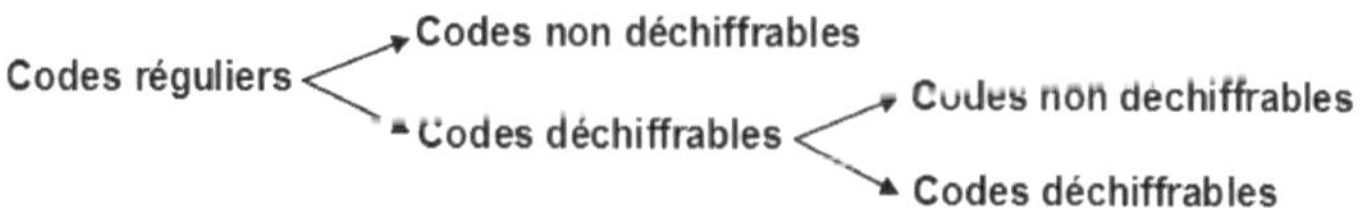

Figure 3.3: Différents types de codes

5.1.5. Arbre d'un code

Un codage binaire peut être représenté de manière graphique par un arbre.

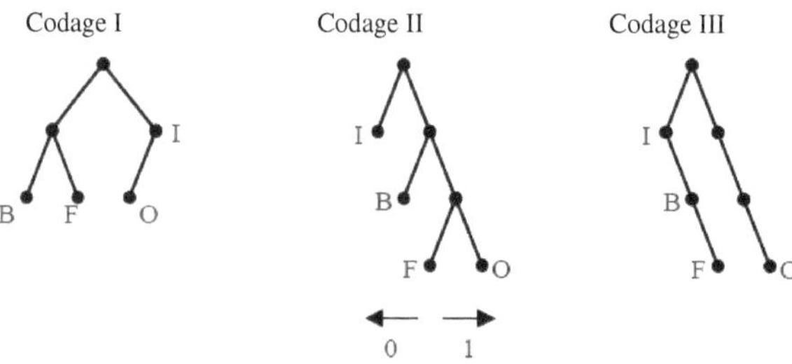

Figure 3.4: Exemples d'arbres de code

Règles de lecture d'un arbre de code:

- Un déplacement à gauche correspond à un "0".
- Un déplacement à droite correspond à un "1".
- Chaque déplacement crée un nœud de l'arbre.
- Chaque nœud à un père (vers le haut) et peut avoir deux fils (vers le bas).
- Le lieu entre deux nœuds est une branche.
- Un nœud qui n'a pas de fils est une feuille.

Définition: Un code est dit à décodage unique si son codage associé est injectif.

Autrement dit, une séquence binaire finie donnée correspond au plus à une séquence de lettres de la source. Ainsi la condition de préfixe stipule qu'aucun mot de code n'est le début d'un autre. Donc un code est dit préfix s'il vérifie la condition du préfixe. Nous parlerons aussi de code instantané.

Proposition: Tout code préfix est à décodage unique.

5.1.6. Théorème de Kraft

Sur le cas du code II présenté dans la section précédente, nous voyons une autre définition d'un code préfixe: un code préfix est un code dont les symboles codés sont des feuilles de son arbre binaire. Donc pour tout code préfix, il existe un arbre dont les mots de codes sont les feuilles (condition nécessaire et suffisante).

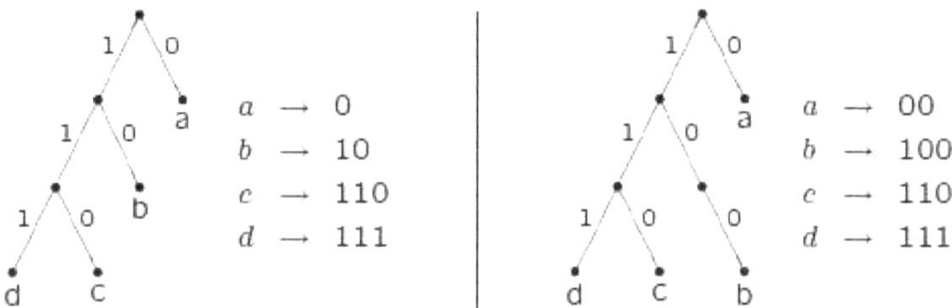

Figure 3.5: Exemples de codes préfixe

Preuve: Dire qu'un mot code est une feuille est équivalent à dire qu'il n'est pas le préfixe d'un autre mot code.

Théorème: Il existe un code irréductible de K mots de longueurs $n_1,\ldots n_K$ si et seulement si l'inégalité: $\sum_{k=1}^{K} 2^{-n_k} \leq 1$, est satisfaite.

Démonstration: Un code préfixe se réalise à partir d'un arbre de codage et sa condition d'obtention et que les codes soient des feuilles de l'arbre.

- Pour un arbre de hauteur n (4 dans le cas de l'exemple), le nombre de code possible = nombre de feuilles finales possibles ($2^n = 16$ dans le cas de l'exemple).

- Si à la hauteur n_k (2 dans le cas de l'exemple), on attribut ce nœud à un code c_k, donc ce nœud devient une feuille de l'arbre du code et, pour obtenir un code préfixe, cela interdit tous les nœuds qui peuvent s'en déduire. Le nombre de nœuds interdits est de 2^{n-n_k} ($2^{4\text{-}2}$ = 4 nœuds dans le cas de l'exemple).

- Si l'alphabet à coder contient K symboles auxquels sont attribués des codes de longueur variable (n_k), le nombre de feuilles finales:

$$\sum_{k=1}^{K} 2^{n-n_k} \leq 2^n \Rightarrow \sum_{k=1}^{K} \frac{2^{n-n_k}}{2^n} \leq \frac{2^n}{2^n} \Rightarrow \sum_{k=1}^{K} 2^{-n_k} \leq 1$$

- Ce résultat peut se généraliser au cas non binaire c'est-à-dire un codage avec r symboles: $\displaystyle\sum_{k=1}^{K} r^{-n_k} \leq 1$

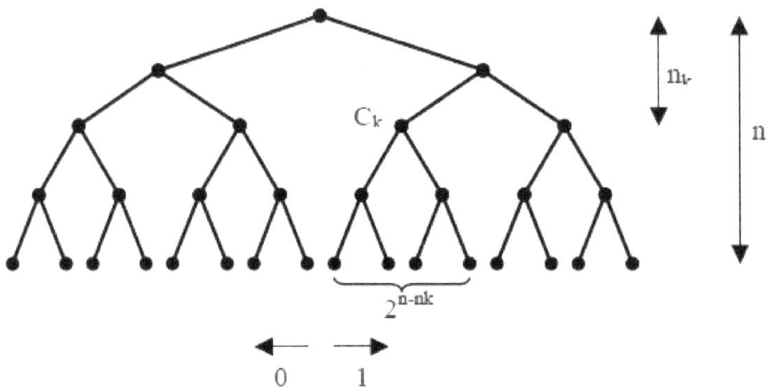

Figure 3.6: Démonstration du théorème de Kraft

Code complet: Un code est dit complet s'il vérifie la relation $\displaystyle\sum_{k=1}^{K} r^{-n_k} = 1$

Exemple: Pour les trois codes binaires suivants, on remarque que les codes A, et B sont déchiffrables, le premier étant complet. Le code C n'est pas déchiffrable.

Table 3.3: Exemple de 3 codes binaires

	code A	code B	code C
s_1	00	0	0
s_2	01	100	10
s_3	10	110	110
s_4	11	111	11
$\sum_{i=1}^{4} 2^{-n_i}$	1	7/8	9/8

5.1.7. Théorème de Mac-Millan

Il existe un code déchiffrable de k mots de longueurs $n_1,\ldots,n_k$ si est seulement si:

l'inégalité: $\displaystyle\sum_{k=1}^{K} 2^{-n_k} \leq 1$, est satisfaite.

Puisque l'inégalité de Kraft est satisfaite, il existe un code préfix équivalent ayant même distribution des longueurs pour chaque code déchiffrable.

Exemple: Soit le code C = {10, 11, 000, 101, 111, 1100, 1101}. Il s'agit d'un code

binaire donc b=2. $\quad \displaystyle\sum_{c\in C} 2^{-n_c} = 2 \times 2^{-2} + 3 \times 2^{-3} + 2 \times 2^{-4} = \frac{1}{2} + \frac{3}{8} + \frac{1}{8} = 1$

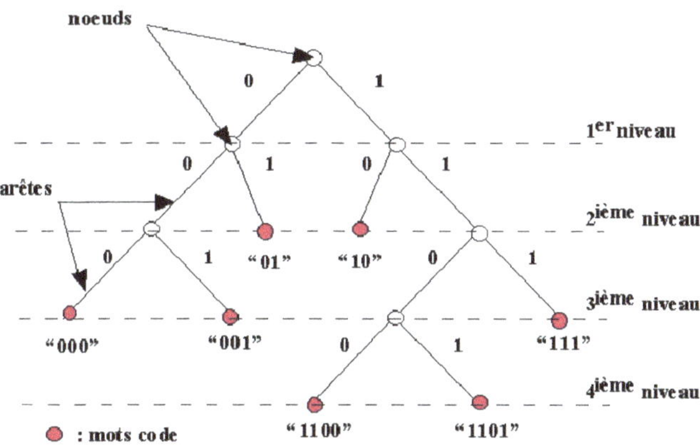

Figure 3.7: Arbre du code C = {10, 11, 000, 101, 111, 1100, 1101}

- L'inégalité de Kraft étant satisfaite, il existe un code préfix équivalent ayant même distribution des longueurs. Pour le construire, on peut utiliser un arbre.

- Il suffit alors de dessiner un arbre dont la profondeur (nombre d'étages) correspond à la longueur maximum des mots. Chaque mot correspond à une suite de nœuds débutant à la racine et finissant par un nœud terminal, c'est-à-dire sans descendance, appelé feuille.

- Le "secret" pour obtenir un code préfixe consiste à faire en sorte qu'aucun chemin (succession d'arêtes) correspondant à un mot code ne soit strictement inclus dans les chemins correspondant aux autres mots-code.

La longueur maximum des mots est 4. Donc l'arbre devra comporter 4 niveaux. Le code initial se compose de:

- 2 mots de longueur 2, il faut donc réserver 2 nœuds au $2^{\text{ième}}$ niveau,
- 3 mots de longueur 3, il faut donc réserver 3 nœuds au $3^{\text{ième}}$ niveau,
- 2 mots de longueur 4, il faut donc réserver 2 nœuds au $4^{\text{ième}}$ niveau.

Le code ainsi obtenu (il existe d'autres possibilités) est : {01, 10, 000, 001, 111, 1100, 1101}.

Remarque:

Il est essentiel de noter que les Théorèmes de Kraft et de Mac-Millan sont non constructifs. Ils nous donnent un résultat sur l'existence de codes dont les longueurs des mots de codes vérifient l'inégalité, mais ne prétendent pas que tout code dont les longueurs vérifient l'inégalité est irréductible (ou déchiffrable).

5.2. Théorème de codage de source: Premier théorème de Shannon

Soit une source $X = \{a_1, \ldots, a_K\}$ munie d'une loi de probabilité $\{p(a_1),\ldots, p(a_K)\}$. Le premier théorème de Shannon concernant le codage de source s'énonce comme suit.

5.2.1. Enoncé du théorème

Limite basse: Pour toute source $X = \{a_1, \ldots, a_K\}$ d'entropie H(S), il existe un code irréductible dont la longueur moyenne est telle que: $\bar{n} \geq H(X)$.

Limite haute: Pour toute source d'entropie H(X), il existe un code irréductible dont la longueur moyenne est telle que: $H(X) \leq \bar{n} \leq H(X)+1$.

5.2.2. Démonstration du théorème

Limite basse: Montrons que: $H(X) - \bar{n} \leq 0$

$$
\begin{aligned}
H(X) - \bar{n} &= \sum_{k=1}^{K} P(a_k) \log_2 \frac{1}{P(a_k)} - \sum_{k=1}^{K} P(a_k) n_k \\
&= \sum_{k=1}^{K} P(a_k) \left(\log_2 \frac{1}{P(a_k)} + \log_2 2^{-n_k} \right) \\
&= \sum_{k=1}^{K} P(a_k) \log_2 \frac{2^{-n_k}}{P(a_k)}
\end{aligned}
$$

Puisque $Ln(x) \leq \bar{n} \leq (x-1)$ on trouve:

$$
H(X) - \bar{n} = (\log_2 e) \left(\underbrace{\sum_{k=1}^{K} 2^{-n_k} - \sum_{k=1}^{K} P(a_k)}_{= 1} \right) \leq 0
$$

Soit en utilisant l'inégalité de Kraft-Mac-Millan:

$$
\sum_{k=1}^{K} 2^{-n_k} \leq 1 \Rightarrow H(X) - \bar{n} \leq 0 \Rightarrow H(X) \leq \bar{n}
$$

L'égalité correspond au cas $p(a_k) = 2^{-n_k}$, donc une puissance de (1/2).

Limite haute: Nous venons de voir que la limite basse est théoriquement atteinte par un choix astucieux des (n_k) tels que: $p(a_k) = 2^{-n_k}$ soit $n_k = -\log_2[p(a_k)]$.

Plus un symbole est probable, nous on lui attribue de bits. Cette condition n'est pas facilement réalisable car n_k st un entier. En pratique nous serons obligés de choisir. $n_k \geq -\log_2[p(a_k)] \geq n_k - 1 \Rightarrow 2^{n_k} \leq p(a_k) \leq 2^{-n_k+1}$

Il vient aussi: $\log_2[p(a_k)] \leq -n_k + 1 \Rightarrow p(a_k)\log_2[p(a_k)] \leq -p(a_k)n_k + p(a_k)$

$$\sum_{k=1}^{K} p(a_k)\log_2[p(a_k)] \leq \sum_{k=1}^{K}[-p(a_k)n_k + p(a_k)]$$

$$-H(X) \leq -\overline{n}+1 \Rightarrow H(X)+1 \geq \overline{n}$$

La relation des deux expressions donne la relation suivante:

$$H(X) \leq \overline{n} \leq H(X)+1$$

Dans le cas d'un code optimal:

$$p(a_k) = -2^{-l_k} \Rightarrow \log_2[p(a_k)] = -l_k$$

$$-\sum_{k=1}^{K} p(a_k)\log_2[p(a_k)] = \sum_{k=1}^{K} p(a_k)l_k \Rightarrow \overline{n} = H(X)$$

6. Extension de la source

D'après le théorème de Shannon, l'efficacité d'un code déchiffrable ne peut pas excéder 1. En effet: $H(X) \leq \overline{n} \leq H(X)+1$

Donc sachant que: $H(X) \leq \overline{n} \Rightarrow \dfrac{H(X)}{\overline{n}} \leq 1 \Rightarrow E \leq 1$

$$\overline{n} \leq H(X)+1 \Rightarrow 1 \leq \dfrac{H(X)+1}{\overline{n}}$$

$$1 \leq \left(\dfrac{H(X)+1}{H(X)}\right)E \Rightarrow E > \dfrac{H(X)}{H(X)+1} \Rightarrow E > 1 - \dfrac{1}{H(X)+1}$$

Cela montre la nécessité de chercher de codage dont l'efficacité s'approche le plus que possible de 1. Pour obtenir de tels codage, il sera nécessaire soit pour les codes de longueurs fixes ou de longueurs variables de transmettre et donc de coder les symboles non pas individuellement mais par blocs de l symboles. Ceci revient à transformer la source X en une source X^l des l-uplets de lettre X. Cette technique est appelée l'extension de la source.

Exemples:

$$X_S = \{A,\ B\} \overset{l=2}{\longrightarrow} X_{S^2}^2 = \{AA, AB, BA, BB\}$$
$$Card(2) \qquad Card(2^l = 4)$$

$$X = \{0,\ 1,...,9\} \overset{l=2}{\longrightarrow} X_{S^2}^2 = \{00, 01,..., 99\}$$
$$Card(10) \qquad Card(10^l = 100)$$

6.1. Théorème d'extension de la source

Soit une source discrète sans mémoire X^S d'entropie $H(X^S)$. Pour toute entier $l \geq 1$, il existe un code déchiffrable de X^l dont la longueur moyenne $\overline{N}$ vérifie:

$$H(X^S) \leq \frac{N}{l} < \frac{1}{l} + H(X^S)$$

En effet, puisque la source est sans mémoire, la loi de probabilité de X^l est la loi produit c'est-à-dire: $p(a_{i_1},..., a_{i_l}) = \prod_{m=1}^{l} p(a_{i_m})$.

Par exemple pour l=2:

$$X = \{0,\ 1\} \rightarrow X^2 = \{00, 01, 10, 11\}$$
$$(a_{11}, a_{12})(a_{21}, a_{22})(a_{31}, a_{32})(a_{41}, a_{42})$$

$$\Rightarrow p(a_{11}, a_{12}) = p(a_{11}) p(a_{12})$$

La source X^l a donc pour entropie: $H(X^l) = l.H(X)$. Donc si nous utilisons $\overline{N}$ bits de codage par bloc de la source secondaire X^l on a d'après le premier théorème de Shannon: il existe un code déchiffrable de longueur $\overline{N}$ telle que:

$$H(X^l) \leq \overline{N} \leq 1 + H(X^l) \Rightarrow lH(X) \leq \overline{N} \leq 1 + lH(X) \Rightarrow H(X) \leq \frac{\overline{N}}{l} \leq \frac{1}{l} + H(X)$$

Sachant que le nombre de bits par symbole de la source primaire est $\overline{n}<\dfrac{\overline{N}}{l}$, on remarque que si l très grande ($\rightarrow+\infty$ théoriquement) on a:

- $\lim\limits_{l\rightarrow+\infty}[\overline{n}(l)]=H(X)$

$$\Rightarrow \lim\limits_{l\rightarrow+\infty}[E(l)]=\lim\limits_{l\rightarrow+\infty}[\dfrac{H(X)}{\overline{n}}]=1$$

- $H(X)\leq\left[\dfrac{\overline{N}}{l}=\overline{n}(l)\right]\leq H(X)$

$$\Rightarrow \lim\limits_{l\rightarrow+\infty}[E(l)] \leq 1 \leq \lim\limits_{l\rightarrow+\infty}[E(l)] \Rightarrow E(l)\rightarrow 1$$

Ceci montre que l'efficacité peut être arbitrairement proche de 1, et on s'approche de plus en plus. Donc pour toute source sans mémoire, il existe un code déchiffrable dont l'efficacité est arbitrairement proche de 1.

6.2. Exemple d'application

Pour une source primaire: $X=\{0,...,9\}$ de cardinal (10) muni d'une loi de probabilité uniforme $p=\dfrac{1}{10}$ avec codage de longueur fixe (n = 4, le plus optimal d'après Shannon).

$$(H(X)=3,32)\leq 4\leq(4,32=H(X)+1)$$

$$\Rightarrow E_1=\dfrac{H(X)}{4}=\dfrac{\log_2(10)}{40}=0,83=83\% \Rightarrow \rho=17\%$$

Pour une source secondaire: $X^3=\{00,01,...,99\}$ de card(100) qui reste muni d'une loi de probabilité uniforme et d'entropie:

$$H(X^2)=\log_2(100)=2\log_2(10)=2H(X)=6,67\,b/s \Rightarrow n=7\,bits.$$

$$\Rightarrow E_2=\dfrac{H(X^2)}{7}=\dfrac{\log_2(10)}{40}\approx 0,95=95\% >83\%$$

En considérons la source X^3 de 1000 lettres, codées en 10 symboles binaires: $E_3 \approx 0.996 \Rightarrow$ on tend de proche en proche vers 1.

7. Algorithme de codage

Le premier théorème de Shannon exprime une propriété asymptotique de codage, mais ne fournit aucune méthode pratique pour y parvenir.

7.1. Technique de codage directe

Une technique de codage directe consiste à associer à chaque état de la source un nombre de symboles n_i tel que:

- $n_i = -log_2(p_i)$ *si p_i est une puissance de 2*
- $n_i = $*Partie entière $[-log(p_i)]+1$ si p_i n'est pas une puissance de 2*

Après avoir fixé la longueur de code, le codage se fait d'une manière que le code soit préfixe, ou en toute généralité déchiffrable. Le code ainsi obtenu est un code de Shannon.

Exemple: On considère un système à 5 états $\{s_1,...,s_5\}$ définis par les probabilités:

$$
\begin{array}{lll}
p_1 = 0.35 & -\log_2 p_1 = 1.51 & \longrightarrow \quad n_1 = 2 \\
p_2 = 0.22 & -\log_2 p_2 = 2.18 & \longrightarrow \quad n_2 = 3 \\
p_3 = 0.18 & -\log_2 p_3 = 2.47 & \longrightarrow \quad n_3 = 3 \\
p_4 = 0.15 & -\log_2 p_4 = 2.73 & \longrightarrow \quad n_4 = 3 \\
p_5 = 0.10 & -\log_2 p_5 = 3.32 & \longrightarrow \quad n_5 = 4.
\end{array}
$$

Il est aisé d'obtenir un code instantané vérifiant la condition précédente sur les n_i à l'aide d'un arbre. On obtient par exemple:

$$
s_1 : 00 \qquad s_2 : 010 \qquad s_3 : 011 \qquad s_4 : 100 \qquad s_5 : 1010.
$$

On aboutit à $\overline{n} = \sum_{k=1}^{k=5} l_k \, p(a_k) = 2,75 \, Sh/symbole$ qu'on doit comparer à:

$$
H(S) = -\sum_{k=1}^{k=5} p(a_k) \log_2 [p(a_k)] = 2,19 \, Sh/symbole.
$$

7.2. Technique de Shannon-Fano

La technique de Shannon-Fano est le premier code à avoir exploité la redondance d'une source. On expose à présent le principe suivant:

1. Ranger les états du système par probabilités décroissantes.
2. Subdiviser les états du système en 2 groupes G_0 et G_1 de probabilités voisines, sans modifier l'ordre dans lequel ils ont été rangés en 1.
3. Chaque groupe Gi est subdivisé en 2 sous-groupes G_{i0} et G_{i1} de probabilités aussi voisines que possibles, une fois encore sans modifier l'ordre des états.
4. Le MSB du groupe supérieur sera "0" et celui du groupe inférieur "1".
5. La procédure s'arrête lorsque chaque sous-groupe est constitué d'un unique élément. L'indice du groupe donne le mot code.

Exemple 1:

On aboutit à $\overline{n} = \sum_{k=1}^{k=5} l_k\, p(a_k) = 2,25\, Sh/symbole$ qu'on doit comparer à

$\overline{n} = 2,75\ Sh/symbole$ obtenue avec la méthode directe et à $H(S) = 2,19$ Sh/symbole.

Table 3.4: Exemple 1 de codage par la méthode de Shannon-Fano

état	p_i	étape 1	étape 2	étape 3	code
s_1	0.35	0	0		00
s_2	0.22	0	1		01
s_3	0.18	1	0		10
s_4	0.15	1	1	0	110
s_5	0.10	1	1	1	111

Exemple 2:

E: 0; A: 10; S: 110; T: 1110; U: 11110; Y: 11111

$$\overline{n} = \sum_{k=1}^{k=5} l_k\, p(a_k) = 2{,}13\, Sh/symbole \quad \text{qu'on doit comparer à:}$$

$$H(S) = -\sum_{k=1}^{k=5} p(a_k)\log_2[p(a_k)] = 2{,}11\, Sh/symbole .$$

Soit une efficacité $E = \dfrac{H(S)}{\overline{n}} = 98{,}5\% \Rightarrow \rho = 1{,}5\%$. Nous retrouvons ici la même table de codage que celle fournie par la méthode d'Huffman.

Table 3.5: Exemple 2 de codage par la méthode de Shannon-Fano

E	48%	0				
A	21%	1	0			
S	12%	1	1	0		
T	8%	1	1	1	0	
U	6%	1	1	1	1	0
Y	5%	1	1	1	1	1

MSB ────────────────────────▶ LSB

Antérieur au codage de Huffman, l'arbre est construit en partant du sommet c'est-à-dire du MSB pour le codage. Il est basé sur la recherche de groupes de probabilités les plus proches possibles. Il donne, dans les cas simples, le même résultat que le codage d'Huffman mais il n'a pas son caractère optimal et il induit en général un codage moins efficace.

7.3. Technique de Huffman

Mis au point en 1952, basé sur les probabilités des caractères de la source, c'est un algorithme optimal qui minimise le nombre moyen de bits utilisés pour le codage.

En reprenant un exemple déjà utilisé rappelons les propriétés de l'arbre d'un code préfixe:

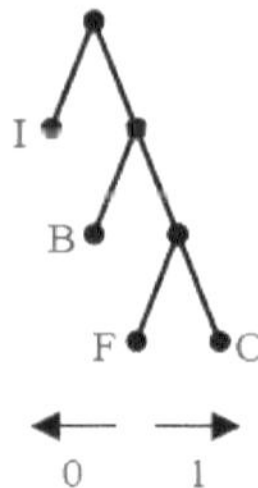

Figure 3.8: Exemple d'un arbre de code

- L'arbre est constitué de nœuds et de branches.

- En général, un nœud dit nœud "père" est obtenu par liaison de deux nœuds dits nœuds "fils".

- Certains nœuds n'ont pas de "fils": ce sont les feuilles de l'arbre. Pour un code préfix, les symboles de la source doivent se voir attribuer un code qui est une feuille de l'arbre.

- Un nœud n'a pas de père: c'est le sommet de l'arbre.

- Pour construire l'arbre, il faut partir des feuilles, faire des associations de nœuds deux par deux jusqu'à l'arrivée au sommet de l'arbre.

7.3.1. Algorithme de Huffman

L'algorithme de Huffman précise une méthode pour associer entre eux les différents nœuds:

1. A chaque étape, les nœuds sont rangés dans un tableau par ordre de probabilités décroissantes.

2. Les deux nœuds du bas du tableau, donc ceux de probabilités les plus faibles sont associés pour donner un nœud "père". Celui-ci se voit attribuer comme probabilité la somme des probabilités de ses deux "fils".

3. Nous avons un nouvel ensemble de nœuds ayant un élément en moins (remplacement des deux "fils" par le "père") et nous reprenons l'étape 1

jusqu'à l'arrivée au sommet de l'arbre (ensemble de nœuds d'un seul élément).

4. L'ensemble initial des nœuds est constitué des feuilles donc des symboles de la source;

Remarque: lors du classement des nœuds par probabilités décroissantes, il se peut que deux nœuds aient mêmes probabilités. Leur classement est alors arbitraire. Lors de l'implantation des algorithmes, le choix le plus simple au niveau programmation est d'attribuer, en cas d'équiprobabilité, la place la plus élevée au dernier nœud créé. Nous adopterons cette coutume dans les exemples sachant qu'il s'agit ici d'un choix arbitraire.

Cet algorithme est illustré étape par étape pour l'exemple suivant (Figure 3.9). On considère un bloc de nombre comme le montre la table (a).

- On calcul la probabilité de chaque symbole (table (b)).
- Récursivement on regroupe les 2 valeurs les moins fréquentes (arbre (c)).
- On construit un arbre binaire (arbre (d)).
- Avec l'arbre, on construit un dictionnaire (Table (e)).

10	15	15	15	15
10	90	100	100	15
10	90	180	100	15
10	90	90	90	15
10	10	10	10	10

(a)

Symbole	10	15	90	100	180
Probabilité	0,36	0,28	0,2	0,12	0.04

(b)

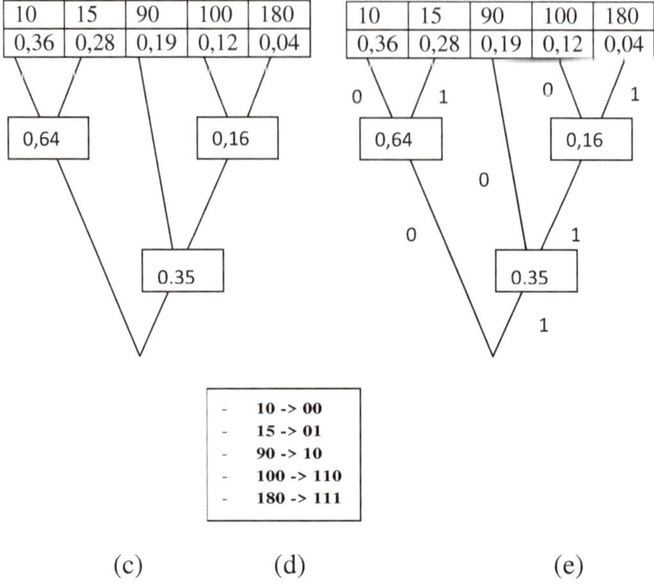

Figure 3.9: Illustration du principe de codage de Huffman par un exemple

7.3.2. Exemples d'application

Exemple 1: Prenons l'exemple du code II du paragraphe 5.1 dont l'arbre est pris en exemple (Figure 3.8).

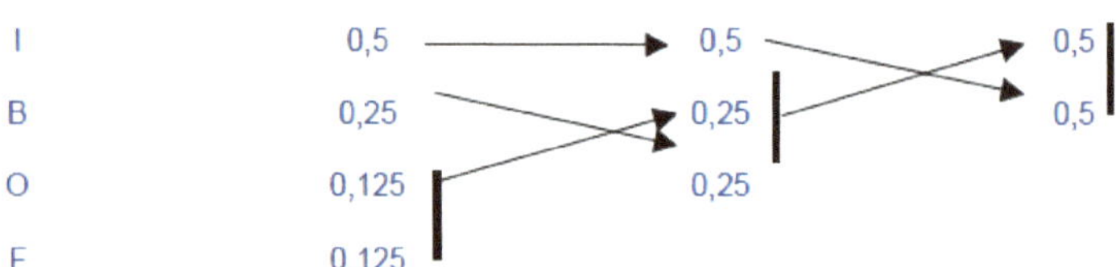

Figure 3.10: Codage de Huffman du code de l'exemple 1

En prenant comme codage:

C'est le code complémentaire de celui que nous avons considéré, là encore c'est une question de choix arbitraire, il aurait suffit de choisir comme codage:

$$\left|\begin{array}{l} 1 \\ 0 \end{array}\right. \qquad I \to 0 \quad B \to 10 \quad O \to 111 \quad F \to 110.$$

Nous pouvons aussi remarquer qu'à l'initialisation O et F auraient pu être permutés. Il est clair que ce codage n'est pas unique. En effet, il ya un arbitraire dans l'affectation des 0 et des 1 à chaque étape, il ya un arbitraire dans le classement de symboles lorsque plusieurs possèdent la même probabilité et un choix arbitraire dans le placement du nouveau symbole lorsque d'autres ont la même probabilité. Deux stratégies peuvent alors être employées: placer le nouveau symbole aussi haut ou aussi bas que possible. Nous choisissons de le placer le plus haut par exemple.

Exemple 2: Prenons l'exemple du code ci-dessous:

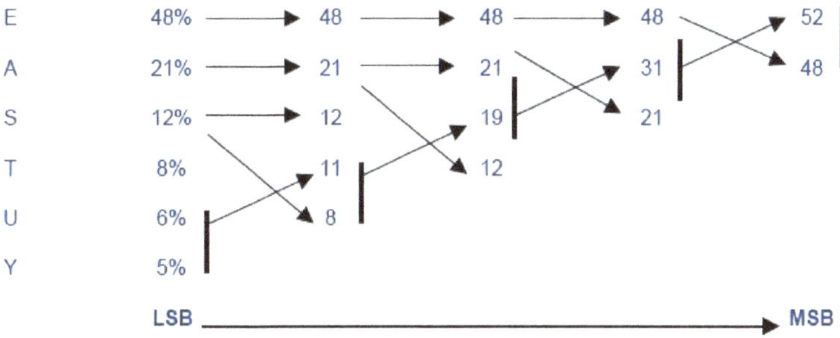

Figure 3.11: Codage de Huffman du code de l'exemple 2

D'où la table de codage donnée par la table 3.6. Le nombre moyen de bits par symbole de ce code est: $\overline{n} = \sum_{k=1}^{k=5} l_k \, p(a_k) = 2{,}13 \, Sh/symbole$.

L'entropie de la source est: $H(S) = -\sum_{k=1}^{k=5} p(a_k) \log_2[p(a_k)] = 2{,}11\, Sh/symbole$. Soit

une efficacité: $E = \dfrac{H(S)}{\bar{n}} = 98{,}5\% \Rightarrow \rho = 1{,}5\%$.

Pour transmettre 100 lettres en ASCII: 800 bits, avec ce code il faut en moyenne 213 bits.

Table 3.6: Table de codage de Huffman de l'exemple 2

Symbole	Codage	Longueur n_k
E	1	1
A	01	2
S	001	3
T	0001	4
U	00000	5
Y	00001	5

Remarques:

L'efficacité peut être améliorée si on effectue au préalable une extension de source c'est à dire une transmission par blocs. Si $p_k = 2^{-n_k}$, on obtient une efficacité $E = 100\%$.

Ce type de technique amélioré est aussi utilisé pour la compression de données comme pour les algorithmes Lempel-Ziv-Welch (LZ, LZW; etc.) utilisés pour le compactage sur disque dur (Zip).

8. Compression de l'information

L'étude du codage d'Huffman sur le codage de source montre une méthode de compression de l'information. Les deux méthodes étudiées: Huffman et Fano, sont basées sur la théorie générale de l'information développée par Shannon et nécessitent la connaissance des probabilités ainsi que la transmission, en plus du message, de la table de codage utilisée. En pratique, les méthodes de codage peuvent aller du plus simple au plus complexe selon l'information à coder (texte, image, son; etc.) et sont séparables en plusieurs catégories:

- Les codages statistiques à longueur variable.
- Les codages par dictionnaire.
- Les codages par répétition.

8.1. Codage statistique à longueur variable

Développé dans l'étude des chapitres précédents, l'algorithme de base est celui de Huffman développée en 1952. Cette méthode est venue concurrencer celle de Fano (ou Fano-Shannon) qui est à l'heure actuelle complètement abandonnée dans les applications. Le codage de Huffman est donc une méthode ancienne qui a subi des remises à jour permettant d'améliorer ses performances et qui reste de ce fait encore utilisée. Les grandes applications qui y font appel sont:

- Format TIFF (Tagged Image Format File) de compression des images.
- Format JPEG (Join Photographic Expert Group) qui utilise en plus une transformée de Fourier en cosinus (DCT).
- Format MNP (Microcom Networking Protocol) de transmission de données sur lignes téléphonique (avec adjonction d'un système correcteur d'erreur).

Les performances de cet algorithme permettent d'atteindre des taux de compression d'environ 31% mais les opérations de compactage et décompactage sont relativement lentes. Cet algorithme nécessite la connaissance des statistiques et la transmission de la table de codage.

8.1.1. Principe de base

Contrairement aux algorithmes de Huffman et de Fano, le code est associé à la séquence et non chaque symbole pris individuellement.

- On associe à chaque symbole à coder un intervalle [a_k, b_k[de [0, 1[.
- On itère ce processus jusqu'à ce que toute la séquence soit traitée.
- La séquence est alors codée par un réel de l'intervalle [0, 1[.

8.1.2. Algorithme de codage

L'algorithme de codage comporte 5 étapes successives:

1- On initialise l'intervalle de codage [a_c, b_c[avec les valeurs $a_c = 0$ et $b_c = 1$. Cet intervalle a une longueur $L = b_c - a_c = 1$.

2- Cet intervalle est partitionné en N sous-intervalles (N nombre de symboles de l'alphabet de la source) proportionnellement aux probabilités $p(s_k)$ de chaque symbole s_k. Cette partition est constituée de sous-intervalles [a_k, b_k[tels que:

$$b_k - a_k = p(s_k)\ avec\ a_k = a_c + largeur \times \sum_{i=1}^{k-1} p(s_i)\ et\ b_k = a_c + largeur \times \sum_{i=1}^{k} p(s_i)$$

3- On choisit le sous-intervalle correspondant au prochain s_k à coder dans la séquence et on met à jour les valeurs a_c et b_c de la manière suivante:

$$a_c = a_c + largeur \times a_k \ \ et \ \ b_c = a_c + largeur \times b_k$$

4- Avec le nouvel intervalle [a_c, b_c[on recommence le processus de l'étape 2.

5- Les étapes 2, 3 et 4 sont répétés jusqu'à épuisement des symboles de la séquence et obtention du dernier intervalle [a_c, b_c[.

La représentation binaire de tout réel x_c de l'intervalle [a_c, b_c[est un code de la séquence. Généralement, cette valeur est choisie de façon que son équivalent binaire $x = \{x_1, \dots x_n\}$ soit représenté par un minimum de bits.

8.1.3. Exemple 1

On considère la source S = {-2, -1, 0, 1, 2} qui définit une série de 5 vecteurs de mouvement verticaux possibles (vecteurs utilisés en codage vidéo).

- Y est la variable aléatoire qui désigne la valeur d'un vecteur de mouvement (Figure 3.12.a).

- On a les probabilités suivantes (Figure 3.12.b).

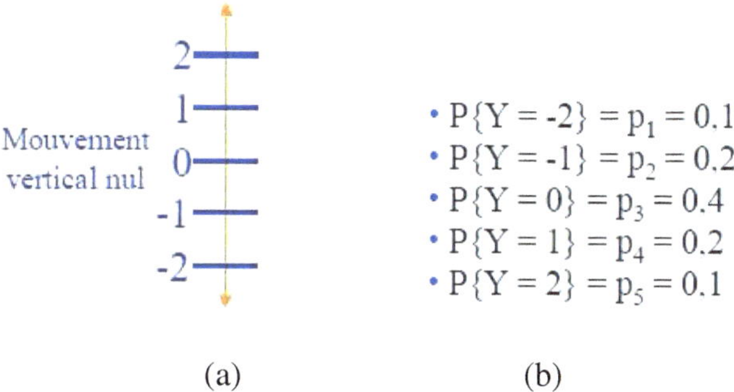

Figure 3.12: Données d'entrée pour l'exemple 1 de codage statistique à longueur variable

L'objectif est de coder la séquence de vecteurs de mouvement (0, -1, 0, 2).

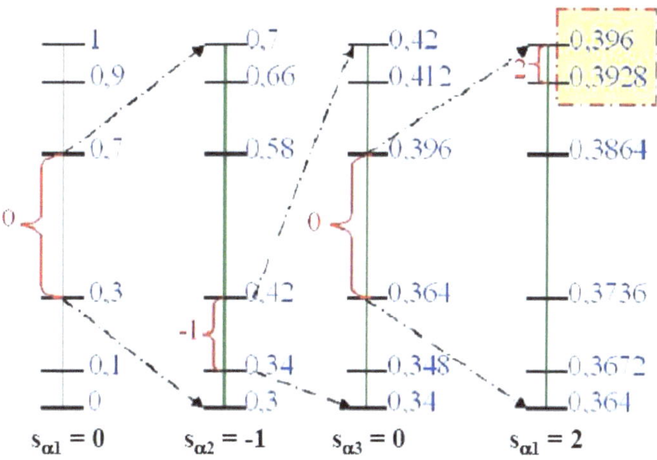

Figure 3.13: Exécution de l'algorithme de codage de l'exemple 1

Le nombre 0,3945 code cette séquence. Il requiert 8 bits:

$$0.3945 = 0 \times 2^{-1} + 2^{-2} + 2^{-3} + 0 \times 2^{-4} + 0 \times 2^{-5} + 2^{-6} + 0 \times 2^{-7} + 2^{-8}$$

8.1.4. Exemple 2

On considère la source S = {a, b, c, d, e} avec les probabilités respectives d'occurrence des symboles suivantes: P(a) = 0,30; P(b) = 0,25; P(c) = 0,20; P(d) = 0,15; P(e) = 0,10.

On souhaite coder la séquence *bdcea*. Pour coder cette séquence on divise l'intervalle [0, 1[en 5 sous intervalles, puis on se place sur le sous-intervalle correspondant au premier symbole de la séquence à coder, il s'agit du symbole "b". Pour le symbole suivant la séquence "d" on subdivise le sous-intervalle de b, [0,3; 0,55[en 5 sous-intervalles correspondant au nombre de symboles de l'alphabet de la source S. On procède ainsi récursivement pour toute la séquence.

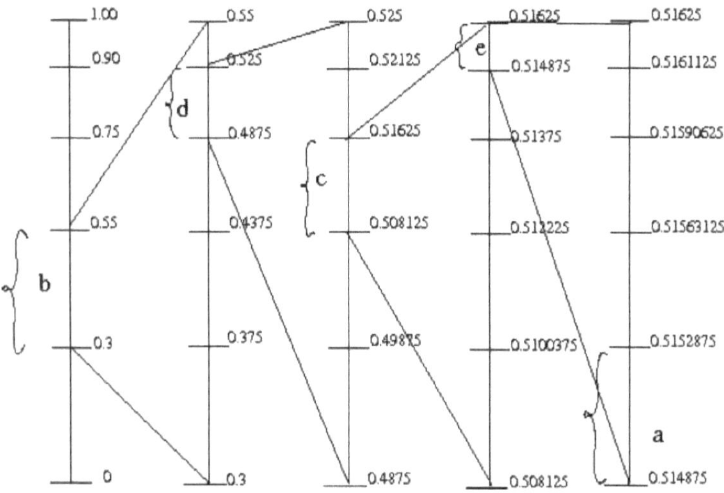

Figure 3.14: Exécution de l'algorithme de codage de l'exemple 2

Nous savons que la technique de Huffman est la meilleure méthode de codage à longueur fixés mais son efficacité est limitée car le code est à longueur binaire entière. Par exemple, pour une probabilité d'apparition de 90% le codage idéal est sur 0,14 bits, Huffman codera sur 1 bit. Ce n'est pas le cas du codage arithmétique.

En moyenne le codage arithmétique à un taux de compression supérieur de 4 à 5% à Huffman, mais légèrement plus lent.

8.1.5. Algorithme de décodage

L'algorithme de décodage comporte six étapes successives:

1- On initialise a_c=0 et b_c=1

2- On calcule la largeur du sous-intervalle du code: largeur = b_c-a_c

3- On trouve le sous-intervalle [a_k, b_k[du symbole s_k avec $1 \leq k \leq N$ tel que:

$$a_k \leq \frac{(x_c - a_c)}{\text{largeur}} < b_k$$

On rappelle que x_c est le réel codant la séquence.

4- On obtient le symbole s_k.

5- On met à jour le sous-intervalle de codage: $a_c = a_c + largeur \times a_k$ et

$b_c = a_c + largeur \times b_k$

6- On répète les étapes 2, 3, 4 et 5 jusqu'à obtenir le décodage de tous les symboles de la séquence.

8.1.6. Décodage de l'exemple 2

On applique l'algorithme de décodage à l'exemple 2:

On considère la valeur x_c = 0.51508125 codant la séquence.

Etape 1: On initialise a_c = 0 et b_c = 1

Etape 2: On calcule la largeur du sous-intervalle du code: largeur = b_c-a_c =1.

Etape 3: On calcule le nombre $\dfrac{(x_c - a_c)}{\text{largeur}}$ dont la valeur est 0.51508125 et on

cherche k tel que ce nombre soit compris dans la partition initiale.

Etape 4: k=2, il s'agit du sous-intervalle [0,3; 0,55[qui correspond au symbole b.

Etape 5: On met à jour le sous-intervalle de codage:

$$a_c = a_c + largeur \times a_k \text{ et } b_c = a_c + largeur \times b_k$$

$$a_c = 0 + 1{\times}0{,}3 = 0{,}3 \text{ et } b_c = 0 + 1{\times}0{,}55 = 0{,}55$$

On répète l'étape 2: largeur = 0,55 - 0.3 = 0,25

Etape 3: (0,51508125-0.3)/0,25 = 0,860325

Etape 4: k = 4, il s'agit du sous-intervalle [0,75; 0,90[qui correspond au symbole d.

On revient à l'étape 5 et ainsi de suite....

8.2. Algorithme de Lempel-Ziv

Les trois méthodes étudiées: Huffman, Fano et arithmétique, sont basées sur la théorie générale de l'information développée par Shannon et nécessitent la connaissance des probabilités ainsi que la transmission, en plus du message, de la table de codage utilisée.

C'est en 1977 que Jacob Ziv et Abraham Lempel fournissent une technique de compression différente de l'algorithme de Huffman, et capable de donner de meilleurs taux de compression. Ils mettent ainsi en place l'algorithme LZ77. Puis vient LZSS, version amélioré de LZ77 par Storer et Szymanski puisque la recherche des séquences dans le dictionnaire est réduite logarithmiquement. Enfin vient l'algorithme LZ78, plus connu sous le nom LZW, amélioration faite par Terry Welch en 1984 de LZSS de par le fait que les séquences sont rangées dans une arborescence. Il porte le nom de ses 3 inventeurs: Lempel, Ziv et Welch.

8.2.1. Principe de l'algorithme

Le principe est fondé sur le fait qu'une séquence de caractères peut apparaître plusieurs fois dans un fichier. Cet algorithme constitue une méthode de compression par dictionnaire qui est fondée sur l'analyse des répétitions de mots dans les données à traiter.

L'objectif de l'algorithme de compression LZW est de construire un dictionnaire où chaque séquence sera désignée par une adresse dans celui ci. De plus chaque séquence ne s'y trouvant pas y est rajoutée. Au final, on se retrouve avec une suite d'entiers, des adresses pointant vers une séquence contenue dans le dictionnaire. Le dictionnaire est donc un tableau dans lequel sont rangées des séquences de symboles de taille variable, repérées par leurs adresses (leur position dans le tableau). La taille de ce dictionnaire n'est pas fixe et les premières adresses de 0 à 255 du dictionnaire contiennent les codes ASCII. Les séquences ont donc des adresses supérieures à 255.

L'algorithme de Lempel-Ziv 78 lit un texte constitué de symboles d'un alphabet A. Supposons que nous ayons déjà lu N symboles et que nous ayons formé un dictionnaire des mots déjà lus.

– A partir du $(N + 1)$-ème symbole on lit les symboles un par un jusqu'à obtenir un mot (de longueur n) absent du dictionnaire, on affiche l'indice du dernier mot reconnu dans le dictionnaire (de longueur $n - 1$) ainsi que le dernier symbole lu.

– On ajoute ce nouveau mot (de longueur n) au dictionnaire et on recommence à partir du $(N + n + 1)$-ème symbole.

Il nous faut une façon de représenter efficacement le dictionnaire. Celui-ci possède une propriété intéressante: si un mot est dans le dictionnaire, c'est aussi le cas de tous ses préfixes. Le dictionnaire (i.e. l'arbre) contient initialement le seul mot vide et sa taille est $K = 1$. On répète à partir de la racine jusqu'à épuisement:

Les étapes de cet algorithme se présentent comme suit: 1

- Séparer la source en mots de telle manière que chaque mot soit la plus petite chaîne de caractères non observée jusqu'à présent. Le premier mot est la chaîne vide.

- Indexer chaque mot de la source. La chaîne vide possède le numéro 0.

- Numéroter les sous-chaînes par les indices correspondants.

- Coder chaque lettre par son codage ASCII et coder chaque entier apparaissant dans le $n^{\text{ième}}$ bloc sur $[\log_2(n)]$ bits.

L'algorithme de compression est le suivant:

Données :

– Dictionnaire des symboles
rencontrés : D
– Le fichier à compresser : Fichier
Résultat :
– Le fichier compresser: Fichier

Début

    s = premier octet du fichier;
  Tant que le fichier n'est pas à sa
  fin
    t = octet suivant;
    u = concaténation(s, t);
Si (u appartient au Dico) s=u;
Sinon
    Ajouter (u) dans Dico;
    Écrire adresse de s;
    s = t;
Fin si

  Fin tant que
  Écrire adresse de s
  Fin

1. Initial table with initial character string
2. P=first input character
3. WHILE not end of input stream
4. C=next input character
5. IF P+C is in the string table
6. P=P+C
7. ELSE
8. output the code for P
9. add P+C to the string table
10. P=C
11. END WHILE
12. output code for P

Figure 3.15: Algorithme de compression de Lempel-Ziv

Exemple 1: L'exemple ci-dessous montre l'application de l'algorithme de Lempel-Ziv dans le cas d'une suite de nombres binaires.

Dictionnaire		paire	mot de code
indices	mots lu	(indice,symbole)	
0			
1	1	(0,1)	1
2	0	(0,0)	0 0
3	01	(2,1)	10 1
4	011	(3,1)	11 1
5	10	(1,0)	0010
6	00	(2,0)	0100
7	11	(1,1)	0011
8	100	(5,0)	1010
9	101	(5,1)	01011

Figure 3.16: Application de l'algorithme de Lempel-Ziv: cas d'une suite de nombres binaires

Exemple 2: L'application de l'algorithme de Lempel-Ziv dans le cas d'une chaine de caractères est illustrée par l'exemple ci-dessous.

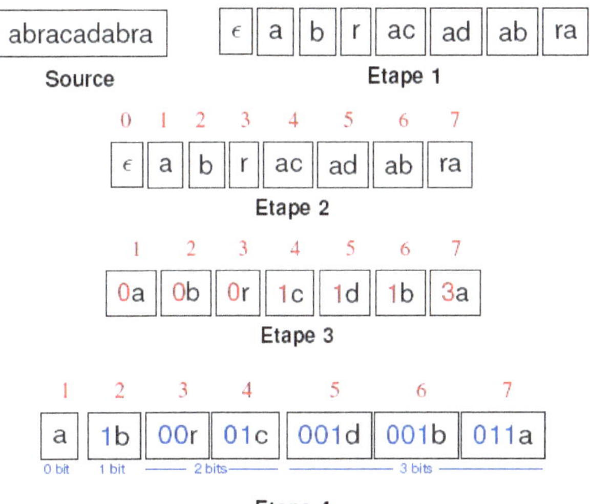

Figure 3.17: Application de l'algorithme de Lempel-Ziv: cas d'une chaine de caractères

Les caractères (a, b, etc.) sont codé à l'aide du code alphanumérique le plus utilisé (code ASCII American Standard Code for Information Interchange). Ce code est donné par le tableau suivant:

Table 3.7: Code alphanumérique ASCII

	000	001	010	011	100	101	110	111
0000	NU	DLE	SPAC	0		P	@	p
0001	SOH	DC1	!	1	A	Q	A	q
0010	STX	DC2	"	2	B	R	B	r
0011	ETX	DC3	#	3	C	S	C	s
0100	EOT	DC4	$	4	D	T	D	t
0101	EN	NAC	%	5	E	U	E	u
0110	AC	SYN	&	6	F	V	F	v
0111	BEL	ETB	'	7	G	W	g	w
1000	BS	CNC	(	8	H	X	h	x
1001	HT	EM	)	9	I	Y	i	v
1010	LF	SS	*	:	J	Z	i	z
1011	VT	ESC	+	;	K	[	k	{
1100	FF	FSR	,	<	L	£	l		
1101	CR	GSR	-	=	M	]	m	}
1110	SO	RSR	.	>	N	∧	n	¬
1111	SI	USR	/	?	O	—•—	o	DELE

8.2.2. Technique de décodage de Lempel-Ziv

L'algorithme de décompression de Lempel-Ziv reconstruit le dictionnaire au fur et à mesure de la lecture du fichier compressé. Son processus est très proche de l'algorithme de compression. On commence par lire les codes du fichier en partant d'une taille de 8 bits. Puis suivant la méthode utilisée, lorsque le décompresseur rencontre un code spécial il augmente la taille de son tampon pour lire les adresses. Il continue à lire les adresses jusqu'à la fin du fichier et il inscrit la séquence correspondant à l'adresse dans le fichier décompresser.

Le principe de décodage suivant l'algorithme de Lempel-Ziv 78 se présente comme suit:

Construire itérativement un arbre de recherche des index:

- La racine est étiquetée par 0.

- Chaque nœud est étiqueté par un index.

- Chaque branche est étiquetée par une lettre.

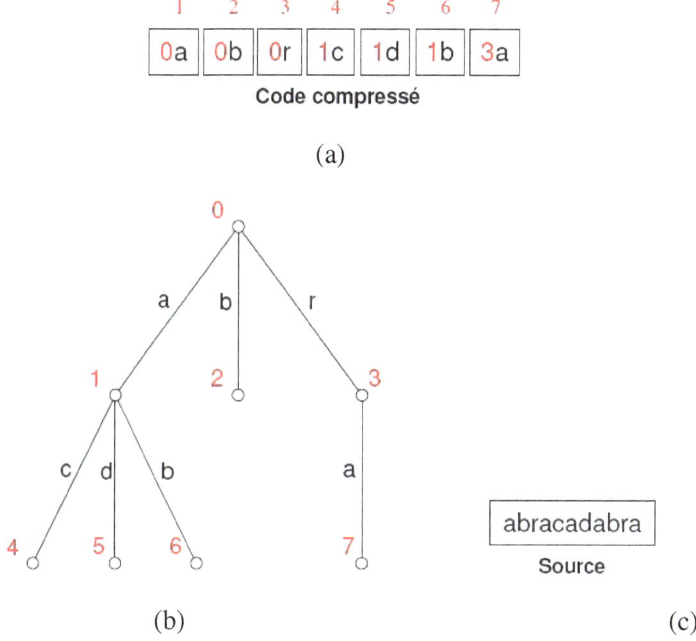

Figure 3.18: Application de la technique de décodage de Lempel-Ziv

Pour trouver le contenu d'un index, prendre le chemin depuis le nœud correspondant jusqu'à la racine Figure 3.18.c. L'algorithme de décodage est le suivant:

Données:

– *Le dictionnaire des symboles rencontrés*
– *Le fichier à décompresser : Fichier*
Résultat :
– *Le fichier décompresser: Fichier*

Début

a = Séquence (première adresse contenu dans le fichier;
  Écrire a;
Tant que le fichier n'est pas à sa fin
  b = adresse suivante;
Si (b appartient au Dico)
  s = Séquence (b)
Sinon s = concaténation (a, t)
Fin si
  Écrire séquence(s)
  t = s[0];
Ajouter (Séquence(a)+t) dans Dico;
  a = b ;
Fin tant que
Fin

1. *Initialize table with single character strings*
2. *OLD = first input code*
3. *output translation of OLD*
4. *WHILE not end of input stream*
5. *NEW = next input code*
6. *IF NEW is not in the string table*
7. *S = translation of OLD*
8. *S = S+C*
9. *ELSE*
10. *S = translation of NEW*
11. *output S*
12. *C = first character of S*
13. *OLD + C to the string table*
14. *OLD = NEW*
15. *END WHILE*

Figure 3.19: Algorithme décodage de Lempel-Ziv

8.3. Algorithme de Lempel-Ziv-Welsh

L'algorithme de Lempel-Ziv-Welsh constitue une variante légèrement plus efficace relativement à l'algorithme de Lempel-Ziv initiale. Il est caractérisé par le fait que les séquences sont rangées dans une arborescence.

8.3.1. Etapes de l'algorithme

Les étapes de cet algorithme se présentent comme suit:

- Au démarrage tous les mots d'une lettre sont dans le dictionnaire, soit 256 caractères en ASCII étendue.
- Au lieu d'afficher la paire (i, b) comme dans le cas de Lempel-Ziv on n'affiche que i.
- On ajoute le mot (i, b) dans le dictionnaire.
- On reprend la lecture à partir de b inclus.

Elle est utilisée dans la commande Unix Compress, dans le format GIF87. En pratique, elle compresse d'un facteur deux les textes en anglais de taille usuelle. L'algorithme est le suivant:

```
Prefix ← first input character;
CodeWord ← 256;
while(not end of character stream){
     Char ← next input character;
     if(Prefix + Char exists in the Dictionary)
     Prefix ← Prefix + Char; else{
     Output: the code for Prefix;
     insertInDictionary((CodeWord , Prefix + Char));
     CodeWord++;
     Prefix ← Char;
     }}
Output: the code for Prefix;
```

Figure 3.20: Algorithme de codage de Lempel-Ziv-Welsh

Exemple 1: L'application de l'algorithme de Lempel-Ziv-Welsh dans le cas d'une chaine de caractères BABAABRRRA est illustrée par la table ci-dessous. Les nombres dans la colonne output désignent le code ASCII décimale des caractères initiaux et des nouvelles chaînes de caractères.

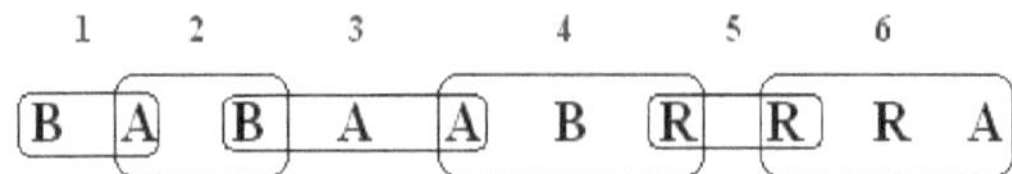

Figure 3.21: Chaîne à coder par l'algorithme de Lempel-Ziv-Welsh

Table 3.8: Codage de la chaîne par l'algorithme de Lempel-Ziv-Welsh

output	Dictionary	
	Code Word	String
66	256	BA
65	257	AB
256	258	BAA
257	259	ABR
82	260	RR
260	261	RRA
65		

Le message compressé est le suivant: <66><65><256><257><82><260> <65>.

Exemple 2: L'exemple ci-dessous montre l'application de l'algorithme de Lempel-Ziv dans le cas d'une suite de nombres binaires.

$$1\ 0\ 0\ 1\ 0\ 1\ 1\ 1\ 0\ 0\ 0\ 1\ 1\ 1\ 0\ 0\ 1\ 0\ 1 \ldots$$

| Dictionnaire | | Mot lu | | mot de code |
Indices	mots	valeur	indice	
0	0			
1	1			
2	10	1	1	1
3	00	0	0	00
4	01	0	0	00
5	101	10	2	010
6	11	1	1	001
7	110	11	6	110
8	000	00	3	011
9	011	01	4	0100
10	1100	110	7	0111
11	010	01	5	0101
. . .				

Figure 3.22: Application de l'algorithme de Lempel-Ziv-Welsh: cas d'une suite de nombres binaires

8.3.2. Algorithme de décodage

L'algorithme de décodae de Lempel-Ziv-Welsh est le suivant.

PreviousCodeWord ← *first input code;*
Output: string(PreviousCodeWord);
Char ← *character(first input code);*
CodeWord ← *256;*
while (not end of code stream){
 CurrentCodeWord ← *next input code;*
 if (CurrentCodeWord exists in the Dictionary)
  String ← *string(CurrentCodeWord);*
 else
 String ← *string(PreviousCodeWord) + Char;*
 Output: String;
 Char ← *first character of String;*
 insertInDictionary((CodeWord , string(PreviousCodeWord) +
Char));
 PreviousCodeWord ← *CurrentCodeWord ;*
 CodeWord++ ;}

Figure 3.23: Algorithme de décodage de Lempel-Ziv-Welsh

Un exemple d'application de cette algorithme est présenté dans le cas d'une chaine de chractère (Figure 3.24). La séquence de code donnée comme entrée à l'algorithme dans le cas de cette application est la suivante:

<66><65><256><257><65><260> <65>.

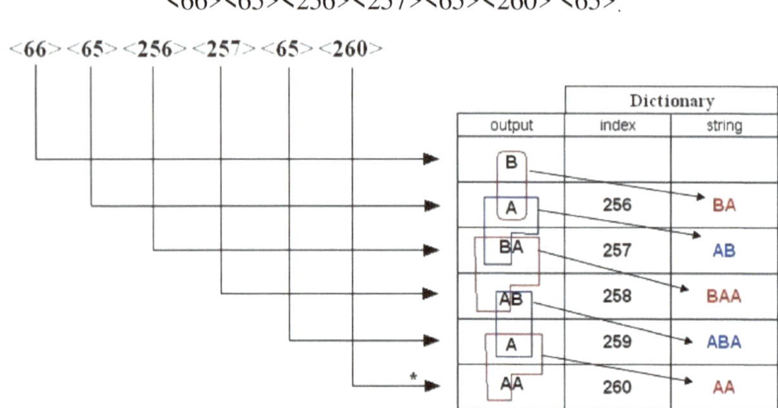

Figure 3.24: Application de l'algorithme de décodage de Lempel-Ziv-Welsh

8.4. Avantages des algorithmes de Lempel-Ziv et de Lempel-Ziv-Welsh

Les algorithmes de Lempel-Ziv-Welsh sont nettement plus performant en moyenne que les algorithmes statistiques puisqu'ils permettent d'obtenir des gains plus élevés sur la majorité des fichiers. Ces algorithmes sont asymptotiquement optimaux. Pour tout texte produit par une source d'entropie par lettre H, lorsque la taille du texte tend vers l'infini, la longueur par lettre de la suite codée (en binaire) tend vers H.

Ces algorithmes fournissent des taux de compression de 30% à 40% et ils sont à la base de nombreuses utilisations:

- La grande majorité des algorithmes de compression: GZIP, PKZIP, WINZIP, etc.
- Le format GIF (Graphic Interchange Format) de compression d'images.

- La compression de données pour la transmission sur modem norme V42 bis.

Ces algorithmes se distinguent des méthodes statistiques pour plusieurs raisons:

- Le fichier compressé ne stocke pas le dictionnaire, ce dernier est automatiquement généré lors de la décompression. Il n'existe donc pas de table d'entête.

- Contrairement aux méthodes statistiques qui utilisent la probabilité de présence sur un ensemble de taille fixe de symboles, les algorithmes LZW représentent des algorithmes d'apprentissage, puisque les séquences répétitives de symboles sont dans un premier temps détectées puis compressées seulement lors de leurs prochaines occurrences. Le taux de compression est dépendant de la taille du fichier. Plus la taille est importante, et plus le taux de compression l'est aussi.

- Il permet le compactage à la volée, puisqu'il n'y a pas à lire le fichier au préalable, il compresse les séquences de symboles au fur et à mesure.

9. Conclusion

Le codage des données est appelé à prendre un rôle encore plus important en raison du développement des réseaux et du multimédia. Son importance est surtout due au décalage qui existe entre les possibilités matérielles des dispositifs que nous utilisons (débits sur Internet, capacité des mémoires de masse, etc.) et les besoins qu'expriment les utilisateurs (visiophonie, vidéo plein écran, transfert de quantités d'information toujours plus importantes dans des délais toujours plus brefs). Quand ce décalage n'existe pas, ce qui est rare, le codage permet de toute façon des économies. Les méthodes déjà utilisées couramment sont efficaces et sophistiquées (Huffman, LZW, JPEG) et utilisent des théories assez complexes. Les méthodes émergentes sont prometteuses (fractales, ondelettes) mais nous sommes loin d'avoir épuisé toutes les pistes de recherche. Les méthodes du futur sauront sans doute s'adapter à la nature des données à compresser et utiliseront l'intelligence artificielle mais on est dans le droit de se poser la question suivante: Le codage sera- t-il utile dans le futur alors que les contraintes sur les ressources deviennent de moins en moins importantes?

Dans ce chapitre, nous avons présenté quelques notions et résultats liés au codage de source et avons présenté quelques algorithmes de codage entropique d'une source notamment le codage de Shannon-Fano, le codage de Huffman et le codage arithmétique. Ces algorithmes ont la particularité d'avoir une longueur moyenne de code qui approche la limite de Shannon (entropie de la source). Des méthodes adaptatives plus sophistiquées et à base de dictionnaire (algorithmes de Lempel-Ziv et de Lempel-Ziv-Welch) ont été aussi présentées.

Série 3: Techniques de codage source

Exercice 1:

Une source simple SN utilise un alphabet de taille N. Le symbole s_1 a une probabilité d'apparition de 1/2, et les autres symboles sont équiprobables. Le débit de la source est de 1000 symboles par seconde.

1) Calculer l'entropie de la source (Sh/symbole) en fonction de N. En déduire la redondance du code. Application Numérique (A.N.) pour N = 5 et N = 6.

2) On code cette source en binaire en attribuant à s_1 le mot-code "0", et aux N-1 autres symboles des mot-codes de longueur unique, l, commençant par "1". Quelle est la valeur minimale pour l en fonction de N (avec code irréductible)?

- Pour N = 5, donner la valeur minimale pour l, et l'efficacité de ce code.
- Même questions pour N= 6.

3) Coder la source S_6 (pour N = 6) par la méthode de Shannon-Fano. Déterminer le débit (bit/sec) après codage et commenter par rapport au code précédent (question 2.).

Exercice 2:

On considère une source binaire S, émettant les symboles 0 et 1 avec probabilités respectives p et 1−p (0 < p < 0,5). On note S_k la source d'ordre k, émettant des k-uplets successifs de symboles de S; ainsi, S_2 émet les symboles 00, 01, 10 et 11 avec probabilités respectives p_2, p(1−p), p(1−p) et $(1 - p)^2$.

1) Donner, en fonction de p, les entropies de S, S^2 et S^3.

2) Justifier l'existence d'un code uniquement déchiffrable pour S^2, d'assortiment de longueurs {1, 2, 3, 3}. Si un tel code est optimal, quels symboles peuvent être codés avec longueur 1? avec longueur 3?

3) En déduire la longueur moyenne d'un tel code, et déterminer pour quelles valeurs de p, un tel code est plus efficace qu'un code de longueur uniforme égale à 2.

4) Pour p = 1/3, déterminer un codage binaire optimal pour chacune des sources S, S^2 et S^3, et calculer son efficacité.

5) Justifier, sans calcul, qu'un code binaire optimal pour S^4 a une efficacité au moins égale à celle d'un code binaire optimal pour S^2.

Exercice 3:

Soit une source X simple qui utilise un alphabet de taille 7. Différents codes ont été utilisés pour coder cette source:

C_1 = { 10, 11, 000, 101, 111, 1100, 1101 }

C_2 = { 1, 10, 00, 01, 011, 1000, 1111 }

C_3 = { 01, 10, 000, 001, 111, 1100, 1101 }

1) Identifier le code qui peut être utilisé pour coder la source sans ambiguïté. Expliquer clairement votre réponse.

2) Montrer que le code C_1 vérifie l'inégalité de Kraft.

3) Donner l'arbre binaire du code C_3.

Exercice 4:

On considère une source S qui émet les symboles a, b, c, d, e, f avec probabilités respectives 0,4; 0,1; 0,06; 0,1; 0,3 et 0,04.

1) Quelle est l'entropie de S ? Quelle est l'efficacité maximale d'un code binaire de longueur constante pour S ?

2) Si on propose le code suivant pour S : C(a) = 0, C(b) = 100, C(c) = 1100, C(d) = 101, C(e) = 111, C(f) = 1101. Ce code est-il uniquement déchiffrable ? Décoder 1101011000101111. Ce code est-il plus efficace qu'un code binaire de longueur constante le plus efficace possible?

Exercice 5:

Considérons une source U pouvant émettre 7 valeurs, u_1 à u_7, avec les probabilités suivantes:

	u_1	u_2	u_3	u_4	u_5	u_6	u_7
$\mathcal{P}(U = u_i)$	1/40	1/5	1/40	1/20	1/5	2/5	1/10

Deux étudiants proposent chacun un codage binaire de la source:

	u_1	u_2	u_3	u_4	u_5	u_6	u_7
code 1	00001	001	00000	0001	01	1	010
code 2	1011	111	1010	1001	110	0	1000

1) Pour chacun de ces deux codes, dire si le code est instantané et s'il est ambigu.

2) Quelle est, en bit, l'entropie de la source considérée?

3) Quelle est la longueur moyenne des codes proposés? Est-ce compatible avec le premier théorème de Shannon?

4) Construire un code de Huffman binaire de U. Donnez l'arbre de codage, en prenant la convention de toujours affecter 0 à la branche la moins probable. Explicitez les mots de code correspondant à chacune des valeurs.

5) Quelle est la longueur moyenne du code précédemment construit? Est-ce compatible avec le premier théorème de Shannon?

Exercice 6:

On considère une source S qui émet les symboles ci-dessous:

1) Calculer l'entropie de la source H(S).

2) Coder la source en utilisant les méthodes: directe, de Shannon-Fano et de Huffman et comparer l'efficacité des 3 codages.

S:

M_1	0,4
M_2	0,2
M_3	0,2
M_4	0,1
M_5	0,1

Exercice 7:

1) Parmi les codes binaires ci-dessous, quels sont ceux qui ne peuvent pas être des codes de Huffman: a) 0 10 11; b) 00 01 10 110; c) 01 10

2) Donner le code obtenu pour la source ci-dessous en utilisant la technique de Huffman. Ce codage est-il préfixe et optimal?

p_1	p_2	p_3	p_4	p_5	p_6
0,27	0,23	0,2	0,15	0,1	0,05

3) Calculer l'entropie H(P) et la longueur moyenne L du code et montrer qu'elle respecte le premier théorème de Shannon et calculer son efficacité.

Exercice 8:

I) Soit l'alphabet $A = \{A; B; C; \_\}$.

1) Encoder la chaîne AA_ABABBABC_ABABC dans le code de Lempel-Ziv. Qu'arrive-t-il au dernier ABC ? Etablir une convention possible pour encoder le numéro de position, et calculer le nombre de bits nécessaires pour transmettre cette chaîne comprimée par Lempel-Ziv.

2) Encoder la chaîne ABAAAAAAAAAAAAABB dans le code de Lempel-Ziv. Calculer le nombre de bits nécessaires pour transmettre cette chaîne comprimée par Lempel-Ziv et comparer avec un codage naïf.

3) Encoder la chaîne ABAAAAAAAAAAAAAAAAAAAAA dans le code de Lempel-Ziv. Calculer le nombre de bits nécessaires pour transmettre cette chaîne comprimée par Lempel-Ziv et comparer avec un codage naïf.

4) On donne le code ci-dessous, issu du codage de Lempel-Ziv. Retrouver la chaîne de départ. Combien de symboles B se trouvent à la fin?

0, A

1, B

2, C

0, _

2, B

0, B

6, B

7, B

II) Soit l'alphabet $\{0; 1; 2\}$. Encoder la chaîne 00121212102101012101221011 dans le code de Lempel-Ziv avec un code ternaire (base 3).

Exercice 9

1) On considère la séquence $s = a_1a_2a_1a_3$ constituée de $L = 4$ symboles avec un alphabet $A = \{a_1, a_2, a_3\}$ de trois symboles dont les probabilités respectives sont 0,5; 0,25 et 0,25. Effectuer le codage de la séquence par la technique de codage arithmétique à longueur variable.

2) On considère la source $S = \{-2, -1, 0, 1, 2\}$ qui définit une série de 5 vecteurs de mouvements verticaux possibles (vecteurs utilisés en codage vidéo). Effectuer le décodage du mot-code $Mc = 0,3945$ par la technique de décodage arithmétique. En déduire la séquence correspondante.

$$\textbf{Correction}$$

Exercice 1:

1) On a les probabilités: $p_1 = 1/2$, et $p_n = 1/[2(N-1)]$ pour n = 2...N.

Source simple => H(S) = -(1/2)$\log_2$(1/2) – 1/2$\log_2$(1/[2(N-1)])

=> H(S) = 1/2 + (1/2)$\log_2$[2(N-1)].

$E = H(S_N)/\overline{n}$ => $\rho = (1\text{-}E)\text{x}100$

- Pour N = 5 => H(S_5) = 2 Sh/symbole, et $\log_2$(5) = 2.32 => redondance = 13,8%

- Pour N = 6 => H(S_6) = 2,16 Sh/symbole, et $\log_2$(6) = 2.58 => redondance = 16,3%

2) Il faut vérifier (Kraft-Mac-Millan): $\sum_{k=1}^{N} 2^{-n_k} \leq 1$

$$2^{-1} + \sum_{k=2}^{N} 2^{-l} \leq 1 \;=>\; \sum_{k=2}^{N} 2^{-l} \leq \frac{1}{2} \;=>\; \frac{1}{2^l}(N-1) \leq \frac{1}{2} \;=>\; (N-1) \leq 2^{l-1} \;=>\; (l-1) \geq \log_2(N-1)$$

=> $l \geq \log_2(N-1)+1$. Comme l est une nombre entier (nombre de bits des mot-codes $S_2 ...S_N$) on prend donc l_{min} = entier supérieur ou égal à $\{\log_2[2(N-1)]\}$ = $l \geq \log_2(N-1)+1$.

Note: On peut aussi trouver ce résultat en disant qu'il faut coder N-1 symboles avec un nombre de bits fixé à $l-1$ bits, puisque 1 bit est déjà déterminé.

Efficacité du code $E = L_{min}/\overline{n}$, avec $\overline{n}$: Longueur moyenne du code et L_{min} = H(S)/$\log_2$(2)

- Pour N=5 => L_{min} = 3 et L = ½(1) + ½(3) = 2 bits/symbole et L_{min} = 2 bits, soit E = 100%.

- Pour N=6 => L_{min} = 4 et L = ½(1) + ½(4) = 2,5 bits/symbole et L_{min} = 2,16 bits, soit E = 86,4%.

3) Codage binaire de Shannon-Fano de S_6:

Un résultat de codage pour les 6 mots-code est: {0; 100; 101; 110; 1110; 1111}; soit un mot de longueur 1 bit, 3 mots de longueurs 3 bits, et 2 mots de longueur 4 bits. On en déduit: $\bar{n} = \sum_{k=1}^{6} p(S_k)l_k = 0,5 \times 1 + 3 \times 0,1 \times 3 + 2 \times 0,1 \times 4 = 2,2$ bits/symbole et E= 2,16/2,2 = 98,2% qui est supérieur à 86,4% de la question 2.

Symbole	Proba				Code
S_1	0,5	0 Fin			0
S_2	0,1		0 Fin		100
S_3	0,1	0	1 Fin		101
S_4	0,1	1	0 Fin		110
S_5	0,1	1	1	0 Fin	1110
S_6	0,1			0 Fin	1111

Amélioration de l'efficacité par rapport au code précédent, en ne donnant pas des longueurs identiques aux 5 derniers mots-code. Le débit après codage est: 1 ksymb/sec x 2,2 = 2.2 kbit/sec, contre 2,5 kbit/sec avec le code de la question 2.

Exercice 2:

1) la définition de l'entropie donne $H(S) = -p\log_2(p)-(1-p)\log_2(1-p)$, et par indépendance, on peut affirmer sans calcul que l'on a $H(S^2) = 2H(S)$ et $H(S^3) = 3H(S)$; calculer les probabilités des différents symboles de S^2 et S^3, et de là les entropies, n'aboutit qu'à perdre du temps (et prendre des risques d'erreurs de calcul).

2) On s'attend ici à l'utilisation de la fonction de Kraft: l'assortiment de longueurs proposé à pour fonction de Kraft 1/2+1/4+1/8+1/8 = 1, donc il existe un tel code uniquement déchiffrable. Par ailleurs, on sait que dans un code optimal, les symboles doivent être codés avec des longueurs qui sont dans l'ordre inverse de leurs probabilités: le symbole codé avec longueur 1 doit donc être le plus probable (donc 11, de probabilité $(1 - p)^2$, puisque p < 0,5), et les deux symboles codés avec longueur 3 doivent être les deux moins probables (donc 00, et soit 01, soit 10).

3) La question précédente permet de calculer la longueur moyenne: $l_{moy} = (1-p)^2 + 2p(1-p) + 3p(1-p) + 3p^2$, qui se développe en $1 + 3p - p^2$. La longueur moyenne d'un code de longueur constante 2, est 2; le plus efficace de deux codes est celui qui a la plus faible longueur moyenne, donc on cherche pour quelles valeurs de p on a $1 + 3p - p^2 < 2$. Le trinôme $p^2 - 3p + 1$ est positif en dehors de l'intervalle de ses racines $\dfrac{3 + \sqrt{5}}{2}$, dont seule la plus petite est entre 0 et 1; par conséquent, le code (1; 2; 3; 3) est plus efficace que le code (3; 3; 3; 3) lorsque $p < \dfrac{3 + \sqrt{5}}{2} \approx 0,38$.

4) Puisque l'on connait p, le plus simple est ici de calculer dans chaque cas un code de Huffman. Pour S, une solution est $C(0) = 0$, $C(1) = 1$; pour S^2, $H(00) = 000$, $H(01) = 001$, $H(10) = 01$, $H(11) = 1$; pour S^3, $H(000) = 0000$, $H(001) = 0001$, $H(010) = 0010$, $H(011) = 100$, $H(100) = 0011$, $H(101) = 101$, $H(110) = 01$, $H(111) = 11$. Les efficacités sont respectivement 0,918; 0,972; et 0,979.

5) Parmi les codes préfixes possibles pour S^4, il y a tous ceux que l'on peut obtenir en doublant les codes préfixes pour S^2 (en considérant un bloc de S^4 comme deux blocs consécutifs de S^2). La longueur moyenne sera double, tout comme l'entropie de S^4 par rapport à S^2, donc l'efficacité sera la même. Par conséquent, pour tout code préfix de S^2, on sait construire un code préfix pour S^4, de même efficacité: donc, un code optimal pour S^4 aura au moins la même efficacité qu'un code optimal pour S^2.

Exercice 3:

1) $C_1 = \{10, 11, 000, 101, 111, 1100, 1101\}$

$\qquad\quad$ a, $\quad$ b $\quad$ c $\quad\quad$ d $\quad\quad$ e $\quad\quad$ f $\quad\quad$ g

Pour ce code on a: $\displaystyle\sum_{k=1}^{7} 2^{-l_k} = 2\times 2^{-2} + 2\times 2^{-3} + 2\times 2^{-4} = 1$ donc il vérifie l'égalité

de Kraft, donc on ne peut pas juger immédiatement qu'il est ambigu ou non.

Mais: $\;$ a $\;$ b $\quad$ g

$\qquad$ 10 11 1101 peut être interprété comme 10 111 101 soit a e d. Donc ce code est non déchiffrable d'une manière unique.

$\qquad$ Pour le code C_2 on a: $\displaystyle\sum_{k=1}^{7} 2^{-l_k} = 2^{-1} + 3\times 2^{-2} + 2^{-3} + 2\times 2^{-4} = 1,5 > 1$, l'inégalité de

Kraft n'est pas vérifiée. Donc ce code est non déchiffrable.

$\qquad$ Le code C_3 est un code préfixe donc irréductible (il vérifie bien l'inégalité de Kraft), donc il permet de coder la source sans ambigüité.

2) $\displaystyle\sum_{k=1}^{7} 2^{-l_k} = 2\times 2^{-2} + 2\times 2^{-3} + 2\times 2^{-4} = 1$. Donc le code C_1 vérifie l'inégalité de

Kraft $\displaystyle\sum_{k=1}^{n} 2^{-l_k} \leq 1$.

3) L'arbre binaire du code C_3 est donné par la figure suivante:

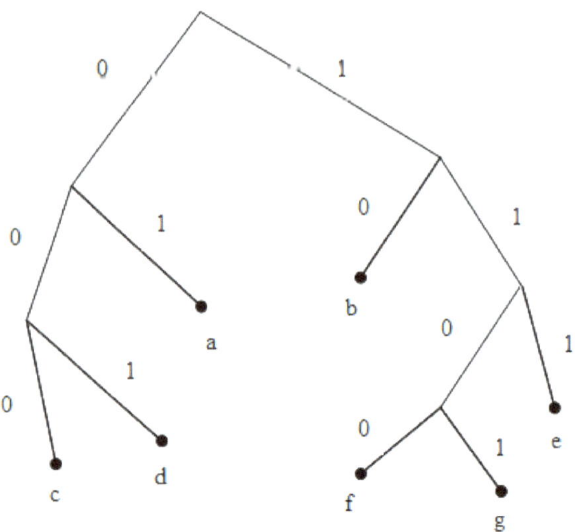

Exercice 4:

1) Le calcul de l'entropie de S, $H(S) = \sum_{k=1}^{6} p_k \log_2(\frac{1}{p_k})$ donne 2,14. Le code ayant 6 symboles, le code de longueur constante minimale est de longueur 3, d'où une efficacité de 2,14/3 = 0,714 = 71,4%.

2) Le code est préfixe, donc uniquement déchiffrable, et le décodage donne FACADE. La longueur moyenne $\overline{n} = \sum_{k=1}^{6} p_k l_k$ = 2,3, ce qui est inférieur à 3 (longueur moyenne du code de longueur constante

3) L'efficacité de ce code est E = 2,14/2,3 = 93%, donc il est effectivement le plus efficace.

Exercice 5:

1)

- Le code 1 est non instantané puisque u_5=01 est préfixe de u_7= 010. Il est de plus ambigu. En effet 01001 peut se décoder comme $u_5 u_2$ ou comme $u_7 u_5$.

- Le code 2 est instantané puisque aucun mot de code n'est préfixe d'un autre (vérifiez avec l'arbre de codage par exemple) et il vérifie l'égalité de Kraft. Il est donc non ambigu.

$$\sum_{k=1}^{7} 2^{-l_k} = 2^{-1} + 2 \times 2^{-3} + 4 \times 2^{-4} = 1$$

2) Pour calculer l'entropie, commençons par réduire toutes les probabilités au même dénominateur:

	u_1	u_2	u_3	u_4	u_5	u_6	u_7
$\mathcal{P}(U = u_i)$	1/40	8/40	1/40	2/40	8/40	16/40	4/40

Pour la suite du calcul nous prendrons le logarithme en base 2. On a alors:

$$
\begin{aligned}
H(U) &= -\sum_{i=1}^{7} \left(P(U = u_i) \cdot \log P(U = u_i) \right) \\
&= -\frac{1}{40} \log \frac{1}{40} - \frac{8}{40} \log \frac{8}{40} - \frac{1}{40} \log \frac{1}{40} - \frac{2}{40} \log \frac{2}{40} - \frac{8}{40} \log \frac{8}{40} - \frac{16}{40} \log \frac{16}{40} \\
&\quad - \frac{4}{40} \log \frac{4}{40} \\
&= \log(40) - \frac{1}{40}(-8 \log 8 - 2 \log 2 - 8 \log 8 - 16 \log 16 - 4 \log 4) \\
&= \log(40) - \frac{1}{40}(-8 \cdot 3 - 2 \cdot 1 - 8 \cdot 3 - 16 \cdot 4 - 4 \cdot 2) \\
&= \log(40) - \frac{122}{40} = \log(5) - \frac{1}{20} \simeq 2.32 - 0.05 = 2.27 \text{ bit}
\end{aligned}
$$

3) La longueur moyenne du code 1 est: $L_1 = \sum_{k=1}^{7} p(u_k) l_k$

$$
\begin{aligned}
L_1 &= \frac{1}{40}(1 \cdot 5 + 8 \cdot 3 + 1 \cdot 5 + 2 \cdot 4 + 8 \cdot 2 + 16 \cdot 1 + 4 \cdot 3) \\
&= \frac{86}{40} = \frac{80}{40} + \frac{6}{40} = 2.15
\end{aligned}
$$

Le fait que $L_1 < H(U)$ n'est pas incompatible avec le théorème de Shannon. En effet, le théorème ne parle que de code instantané et ne dit rien des codes noninstantanés. On peut donc très bien avoir $L_m < H(U)$ pour un code non-instantané, comme c'est le cas ici. La longueur moyenne du code 2 est $L_2 = \sum\limits_{k=1}^{7} p(u_k)l_k$:

$$
\begin{aligned}
L_2 &= \frac{1}{40}\left(1 \cdot 4 + 8 \cdot 3 + 1 \cdot 4 + 2 \cdot 4 + 8 \cdot 3 + 16 \cdot 1 + 4 \cdot 4\right) \\
&= \frac{96}{40} = \frac{86}{40} + \frac{10}{40} = 2.15 + 0.25 = 2.4
\end{aligned}
$$

Le code 2 étant instantané, on doit, d'après le théorème de Shannon, avoir $H(U) < L_2 < H(U) + 1$; ce qui est bien le cas: $2,27 < 2,4 < 3,27$.

4) Le principe du code de Huffman est de regrouper en premier les mots les moins probables (regroupement deux à deux ici, puisque nous demandons un code binaire). Commençons donc par ordonner les valeurs par probabilité croissante (exprimées en 40-ièmes):

	u_1	u_3	u_4	u_7	u_2	u_5	u_6
$\mathcal{P}(U = u_i)$	1	1	2	4	8	8	16

Dans notre cas, les deux valeurs les moins probables sont donc u_1 et u_3. On effectue alors leurs regroupements possibles ci-dessous. Chacun des deux étant également optimal.

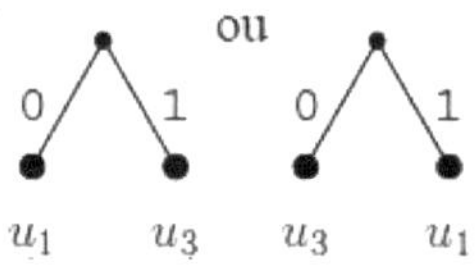

Pour la suite choisissons le premier. La somme de leurs probabilités est de 2/36 et la nouvelle liste de valeurs à coder est alors:

	(u_1u_3)	u_4	u_7	u_2	u_5	u_6
$\mathcal{P}(U = u_i)$	2	2	4	8	8	16

Les deux valeurs les moins probables sont (u_1u_3) et u_4, que l'on regroupe par exemple comme suit:

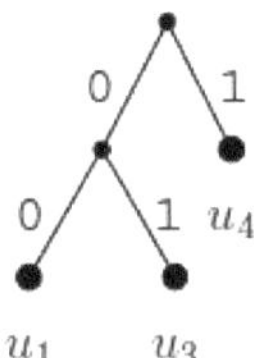

La somme de leurs probabilités est de 4/40 et la nouvelle liste de valeurs est:

	$((u_1 u_3)u_4)$	u_7	u_2	u_5	u_6
$\mathcal{P}(U = u_i)$	4	4	8	8	16

En continuant de la sorte de proche en proche on obtient par exemple l'arbre suivant, numéroté suivant la convention de l'énoncé: 0 à la branche la moins probable.

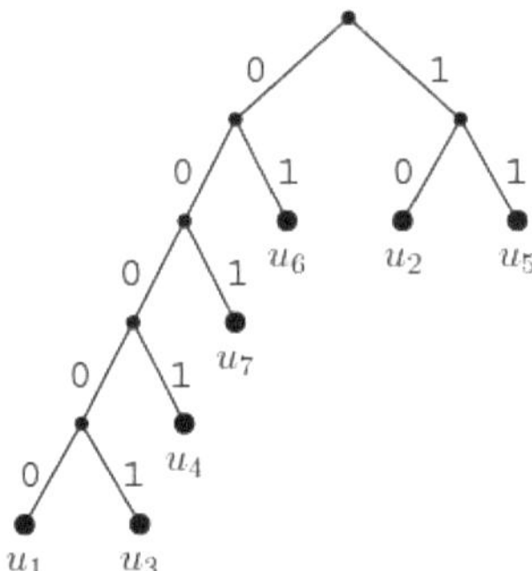

On obtient donc, par exemple, le code suivant:

u_1	u_2	u_3	u_4	u_5	u_6	u_7
00000	10	00001	0001	11	01	001

Notez qu'il y a plusieurs choix possibles et donc différentes solutions. En tout, 96 arbres de Huffman différents sont possibles sur cet exemple.

5) La longueur moyenne du code précédemment construit est:

$$L_{moy} = \sum_{k=1}^{7} p(u_k)l_k \;=\; \frac{1}{40}(1\cdot 5 + 8\cdot 2 + 1\cdot 5 + 2\cdot 4 + 8\cdot 2 + 16\cdot 2 + 1\cdot 3)$$

$$-\; \frac{94}{40} = \frac{80}{40} + \frac{10}{40} + \frac{4}{40} = 2 + 0.25 + 0.1 = 2.35$$

Les résultats sont donc en parfait accord avec le théorème de Shannon. D'une part:

(H(U) = 2.27) < (L$_{moy}$ = 2,35). D'autre part, le code de Huffman étant optimal sa longueur moyenne doit être plus petite que celle de n'importe quel autre code instantané. Comme la seconde partie du théorème de Shannon nous dit qu'il existe un code instantané de longueur moyenne < H(U)+1, alors nécessairement on doit avoir pour le code de Huffman L$_{moy}$<H(U)+1. Ce qui est également bien le cas ici: (L$_{moy}$ = 2,35) < (H(U) + 1 = 3.27).

Exercice 6:

1) L'entropie de la source est donnée par:

$$H(S) = \sum_{k=1}^{5} p(M_k)\log_2 p(M_k) = 0,4\times 1,32 + 2\times 0,2\times 2,32 + 2\times 0,1\times 3,32 = 2,12$$

2) a) Méthode directe:

Symbole	Probabilité	log$_2$(1/p)	Code
M1	0,4	log$_2$(1/0,4) = 1,32	00
M2	0,2	log$_2$(1/0,2) = 2,32	010
M3	0,2	log$_2$(1/0,2) = 2,32	011
M4	0,1	log$_2$(1/0,1) = 3,32	1110
M5	0,1	log$_2$(1/0,1) = 3,32	1111

La longueur moyenne du code est donnée par:

$$l_m = \sum_{k=1}^{5} p(M_k)l_k = 0,4\times 2 + 2\times 3\times 0,2 + 2\times 4\times 0,1 = 2,8$$

$$H(s) < l_m < H(S) + 1$$

$$\text{L'efficacité } E = \frac{H(S)}{l_m} = \frac{2,12}{2,8} = 0,76 = 75\%$$

b) Méthode de Shannon-Fano

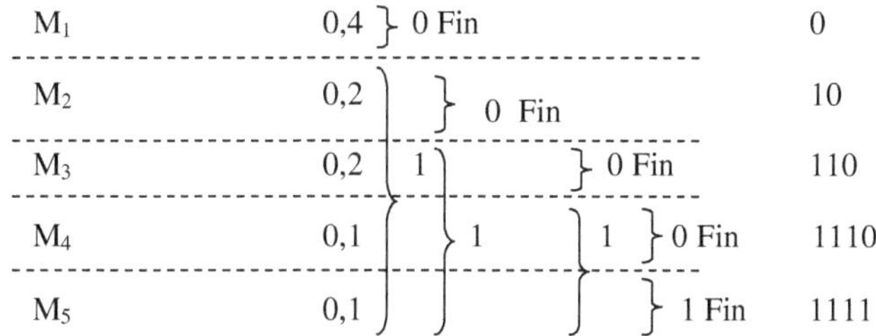

La longueur moyenne du code est donnée par:

$$l_m = \sum_{k=1}^{5} p(M_k)l_k = 0,4 + 0,4 + 0,6 + 0,4 + 0,4 = 2,2$$

$$H(s) < l_m < H(S) + 1 \text{. L'efficacité } E = \frac{H(S)}{l_m} = \frac{2,12}{2,2} = 0,96 = 96\%$$

c) Méthode de Huffman

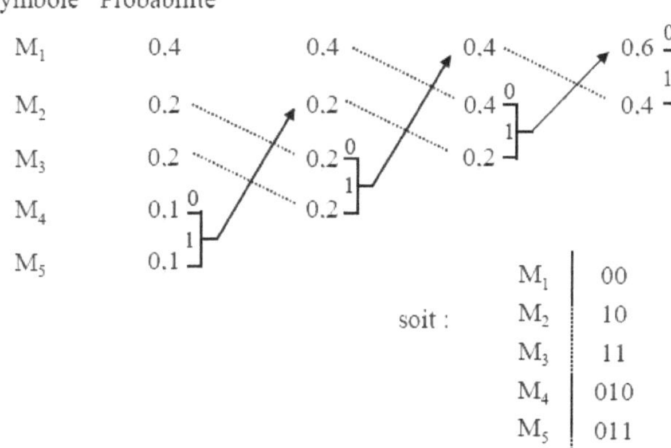

La longueur moyenne du code est donnée par:

$$l_m = \sum_{k=1}^{5} p(M_k)l_k = 0,8 + 0,4 + 0,4 + 0,3 + 0,3 = 2,2$$

$$H(s) < l_m < H(S)+1 . \text{ L'efficacité } E = \frac{H(S)}{l_m} = \frac{2,2}{2,2} = 1 = 100\%$$

On remarque que: $E_{Huffman} < E_{Shan-Fano} > E_{Directe}$, ainsi le code de Huffman est le plus efficace pour la source S.

Exercice 7:

1) Afin d'identifier si le code est un code de Huffman ou non, il suffit de dresser l'arbre de code et vérifier si chaque mot code est une feuille de l'arbre (code réductible). A partir des arbres de codage, on remarque que le code 1 est un code réductible, donc il peut être généré par un codage de Huffman. En effet, tous les mots codes sont des feuilles de l'arbre. Le code 2 contient un mot qui n'est pas une feuille (mot d). Les deux mots du code 3 ne sont pas des feuilles de leurs arbres. Donc ces deux codes ne sont pas réductibles et ne peuvent pas être générés par un codage de Huffman.

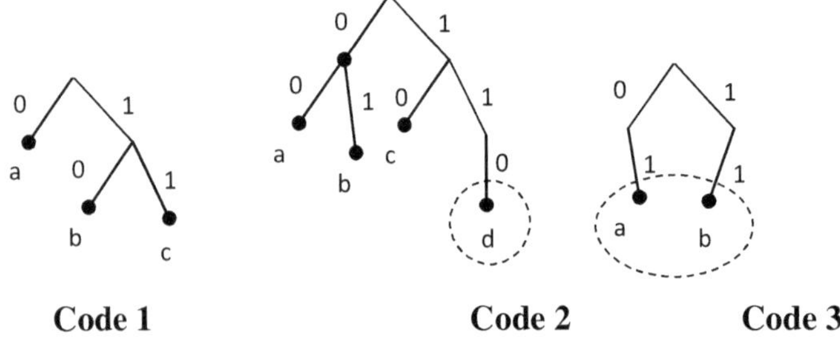

Code 1 **Code 2** **Code 3**

2) Le codage de Huffman de la source est le suivant :

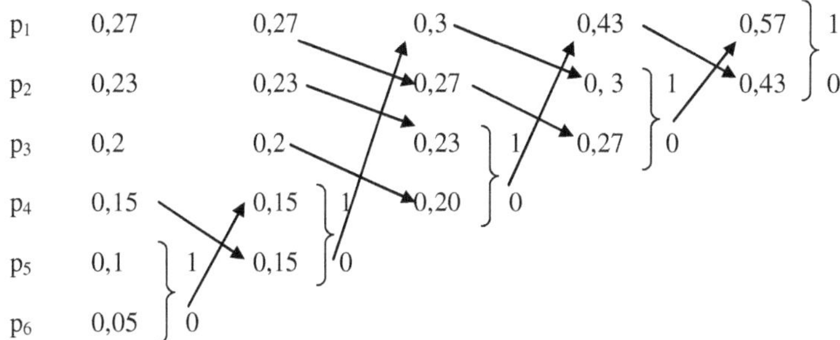

Le code obtenu est le suivant:

p_1	10
p_2	01
p_3	00
p_4	110
p_5	1111
p_6	1110

Puisque le code est un code de Huffman, donc il est préfix et optimal.

3) L'entropie de la source la longueur moyenne du code sont donnés par:

$$H(P = \sum_{k=1}^{6} p(p_k)\log_2(p_k) = 1,68$$

$$L_m = \sum_{k=1}^{6} p(p_k)l_k = 2,42$$

(H(P) = 1.68) < (L_{moy} = 2,42) < (H(P) + 1 = 2.68), donc le code vérifie le premier théorème de Shannon.

L'efficacité de ce code est: $E = \dfrac{H(P)}{l_m} = \dfrac{1,68}{2,42} = 0,69 = 69\%$

Exercice 8:

I) 1) $A - \{A, B, C, \_\} => \{00, 01, 10, 11\}$

ε	A	A_	AB	ABB	ABC	_	ABA	B	C
0	1	2	3	4	5	6	7	8	9

Construisons un tableau de Lempel-Ziv (table ci-dessous). Les éléments A, B et C du dernier "ABC" appartiennent à des sous-chaînes différentes. En particulier, pour encoder le numéro de position on peut utiliser 2 bits car on fait toujours référence à des sous-chaînes de position ≤ 3. Ensuite il faut deux bits pour coder le caractère, donc 4 bits par sous-chaînes. Au total il faut 36 bits, or il faudrait $2 \times 17 = 34$ bits pour envoyer cette chaînes de façon naïve. Remarquons qu'asymptotiquement l'on tend vers un nombre de bits par symbole égal à l'entropie de la source, et donc inférieur au codage naïf sauf si la source est équiprobable.

Position	Sous-chaîne	Sortie	Dictionnaire
1.	A	(0,A)	dico[(00)00] = "A"
2.	A_	(1,_)	dico[(01)11] = "A_"
3.	AB	(1,B)	dico[(01)01] = "AB"
4.	ABB	(3,B)	dico[(11)01] = "ABB"
5.	ABC	(3,C)	dico[(11)10] = "ABC"
6.	_	(0,_)	dico[(00)11] = "_"
7.	ABA	(3,A)	dico[(11)00] = "ABA"
8.	B	(0,B)	dico[(00)01] = "B"
9.	C	(0,C)	dico[(00)10] = "C"

2)

ε	A	B	AA	AAA	AAAA	AAAAA	AB
0	1	2	3	4	5	6	7

Position	Sous-chaîne	Sortie	Dictionnaire
1.	A	(0,A)	(0,00)
2.	B	(0,B)	(0,01)
3.	AA	(1,A)	(1,00)
4.	AAA	(3,A)	(11,00)
5.	AAAA	(4,A)	(100,00)
6.	AAAAA	(5,A)	(101,00)
7.	BB	(2,B)	(010,01)

Lempel-Ziv: 28 bits

Codage naïf: 2×18 = 36 bits

3)

ε	A	B	AA	AAA	AAAA	AAAAA	AAAAAA
0	1	2	3	4	5	6	7

Position	Sous-chaîne	Sortie	Dictionnaire
1.	A	(0,A)	(0,00)
2.	B	(0,B)	(0,01)
3.	AA	(1,A)	(1,00)
4.	AAA	(3,A)	(11,00)
5.	AAAA	(4,A)	(100,00)
6.	AAAAA	(5,A)	(101,00)
7.	AAAAAA	(6,A)	(110,00)

Lempel-Ziv: 28 bits

Codage naïf: 2×22 = 44 bits

4)

0, A	1
1, B	2
2, C	3
0, _	4
2, B	5
0, B	6
6, B	7
7, B	8

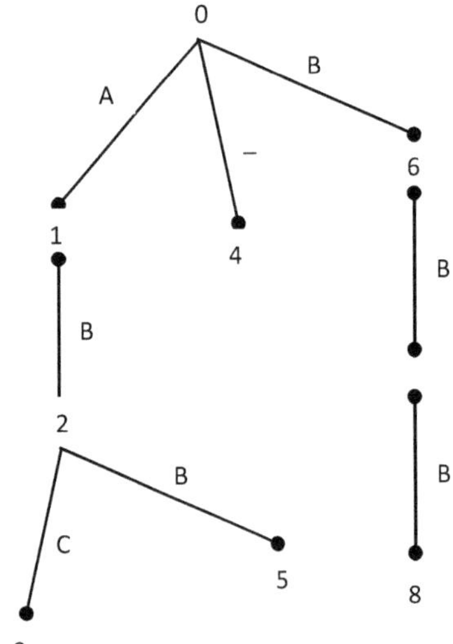

La chaîne encodée est: AABABC_ABBBBBBBB. Cette chaine possède 8 symboles **B** à la fin.

II) Le processus d'encodage avec un code ternaire est le suivant:

0 0 1 2 1 2 1 2 1 0 2 1 0 1 2 1 0 1 2 2 1 0 1 1

Position	Sous-chaîne	Sortie	Dictionnaire
1	0	0 0	(0 0)
2	01	1 1	(1 1)
3	2	0 2	(0 2)
4	1	0 1	(00 1)
5	21	3 1	(10 1)
6	210	5 0	(12 0)
7	2101	6 1	(20 1)
8	21012	7 2	(21 2)
9	21011	7 1	(21 1)

Exercice 8:

1) Au début, l'intervalle de codage I est initialisé à $[0, 1)$. Le premier symbole à coder étant $s_1 = a_1$, les nouvelles limites sont calculées selon les formules:

$$Sup = Inf + K_j(Sup - Inf) \text{ et } Inf = Inf + K_{j-1}(Sup - Inf)$$

Nous aurons Inf = 0 et Sup = 0.5. Le codage du symbole suivant $s_2 = a_2$ donne le nouveau intervalle $I = [0,25; 0,375)$. Le procédé est itéré de la même façon pour les symboles suivants.

Le codage du dernier symbole aboutit à l'intervalle $I = [0.296875, 0.3125)$ représentant la séquence source s. Pour la définition du mot de code, nous devons spécifier l'intervalle obtenu à la fin, c'est-à-dire les dernières valeurs de Sup et Inf. Sachant que cet intervalle est unique pour ce message, nous pourrons enregistrer une valeur V lui appartenant pour définir le mot de code. Généralement, cette valeur est choisie de façon que son équivalent binaire $x = (x_1,..., x_l)$ soit représenté par un minimum de bits.

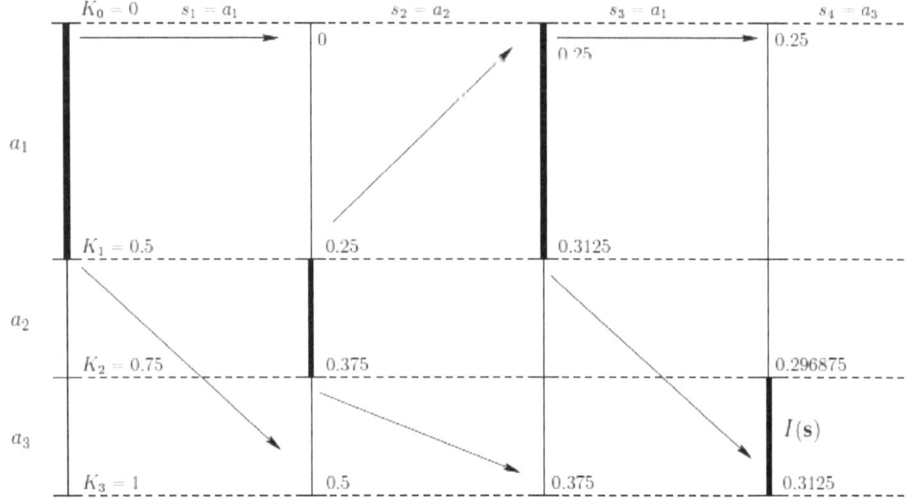

2) Les étapes de décodage se présentent comme suit:

Etape 1:

On initialise les bornes des sous-intervalles [L$_c$, H$_c$]: L$_c$ = 0 et H$_c$ = 1.

Etape 2:

On calcule la longueur L du sous-intervalle: L = H$_c$ - L$_c$ = 1.

Etape 3:

On calcule le nombre (M$_c$ - L$_c$)/L = 0,3945, et on cherche k tel que ce nombre soit compris dans la partition initiale [Ls$_k$, Hs$_k$[. Dans le cas présent, il s'agit de l'intervalle [0,3; 0,7[qui est aussi la partition initiale [Ls$_3$, Hs$_3$[.

Etape 4:

Le premier symbole s$_{a1}$ de la séquence est le symbole s$_3$ (vecteur de mouvement 0).

Etape 5:

On met à jour le sous-intervalle [L_c, H_c[comme au moment du codage, de manière à décoder le second symbole: $L_c = L_c + L \times Ls_3 = 0 + 1 \times 0,3 = 0,3$; $H_c = L_c + L \times Hs_3 = 0 + 1 \times 0,7 = 0,7$.

Etape 2:

On calcule la longueur L du sous-intervalle: $L = H_c - L_c = 0,7 - 0,3 = 0,4$.

Etape 3:

$(M_c - L_c)/L = (0,3945 - 0,3)/0,4 = 0,2363$. Ce nombre est compris dans la partition initiale [Ls_2, Hs_2[$= [0,1; 0,3[$.

Etape 4:

Le second symbole s_{a2} de la séquence est le symbole s_2 (valeur -1).

Etape 5:

$L_c = L_c + L \times Ls_2 = 0,3 + 0,4 \times 0,1 = 0,34$.

$H_c = L_c + L \times Hs_2 = 0,3 + 0,4 \times 0,3 = 0,42$.

Etape 2:

On calcule la longueur L du sous-intervalle: $L = H_c - L_c = 0,42 - 0,34 = 0,08$.

Etape 3:

$(M_c - L_c)/L = (0,3945 - 0,34)/0,08 = 0,6812$. Ce nombre est compris dans la partition initiale [Ls_3, Hs_3[$= [0,3; 0,7[$.

Etape 4:

Le troisième symbole s_{a3} de la séquence est le symbole s_3 (valeur 0).

Etape 5:

$L_c = L_c + L \times Ls_3 = 0,34 + 0,08 \times 0,3 = 0,364$.

$H_c = L_c + L \times Hs_3 = 0,34 + 0,08 \times 0,7 = 0,396$.

Etape 2:

On calcule la longueur L du sous-intervalle: $L = H_c - L_c = 0,396 - 0,364 = 0,032$.

Etape 3:

$(M_0 - I_0)/L = (0,3945 − 0,364)/0,032 = 0,9531$. Ce nombre est compris dans la partition initiale $[Ls_5, Hs_5[= [0,9; 1[$.

Etape 4:

Le quatrième symbole sa_4 de la séquence est le symbole s_5 (valeur 2). Le décodage du nombre 0,3945 aboutit donc à la séquence originale $\{sa_1, sa_2, sa_3, sa_4\} = \{s_3, s_2, s_3, s_5\} = \{0, -1, 0, 2\}$.

Chapitre 4: Transmission de données sur un canal bruité

1. Introduction

Dans le chapitre précédent sur le codage de source, aucun élément extérieur ne venait modifier l'information. Au contraire lorsque l'information va transiter dans le canal, elle sera perturbée par un bruit.

Le résultat principal de ce chapitre nous assure qu'il est possible de coder l'information de façon à ce que la détérioration soit négligeable. Cela se fera bien entendu au prix d'une redondance de l'information. En fait pour tout canal de transmission, nous définirons une grandeur caractéristique appelée *capacité* et qui s'interprète comme la quantité maximale d'information pouvant transiter à travers le canal.

2. Modèle mathématique d'un canal

Pour définir un canal de transmission, il est nécessaire de décrire l'ensemble des entrées et des sorties possibles du canal, ainsi que le bruit qui perturbera la transmission. Le canal discret est le modèle le plus simple de canal de transmission. L'ensemble des entrées comme celui des sorties seront des ensembles finis X et Y et le bruit se modélisera par la donnée d'une loi de probabilité conditionnelle de Y sachant X.

Un canal discret sans mémoire est défini par la donnée de:

1. Un alphabet d'entrée $X = \{a_1,..., a_K\}$.
2. Un alphabet de sortie $Y = \{b_1,..., b_J\}$.
3. Une loi de transition définies par les probabilités conditionnelles $P(b_j|a_k)$ (de perturbation) dite matrice stochastique du canal (Figure 4.1.a). Nous

parlerons d'un canal: (X, Y, π). Un canal peut être aussi modélisé par un graphe (Figure 4.1.b).

$$\Pi = \begin{pmatrix} P(b_1 \mid a_1) & \ldots & P(b_J \mid a_1) \\ \vdots & \ddots & \vdots \\ P(b_1 \mid a_K) & \ldots & P(b_J \mid a_K) \end{pmatrix}$$

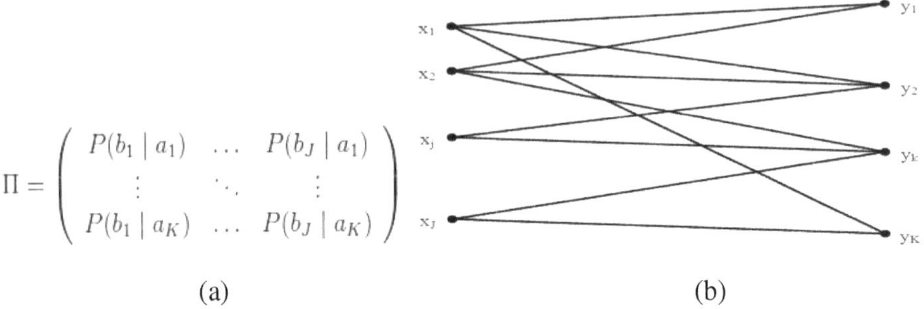

(a)   (b)

Figure 4.1: Matrice stochastique et graphe d'un canal de transmission

Chaque lien du graphe est pondéré par la probabilité conditionnelle $P(y_k|x_j)$.

- Si la probabilité est nulle nous ne plaçons pas de lien.

- Un canal parfait correspond à : $\pi = I$ (Identité).

- Sachant que : $\sum_j p(b_j / a_k) = 1$, donc la somme des éléments d'une ligne de π est égale à 1.

- Sachant que $p(b_j) = \sum_{k=1}^{K} p(a_k, b_j) = \sum_{k=1}^{K} p(b_j / a_k) p(a_k)$ => $[p(b_j)] = [p(b_k)]\,\pi$.

$$\begin{bmatrix} \cdot \\ \cdot \\ \cdot \\ p(b_j) \\ \cdot \\ \cdot \\ \cdot \end{bmatrix} = \pi^T \begin{bmatrix} \cdot \\ \cdot \\ \cdot \\ p(a_k) \\ \cdot \\ \cdot \\ \cdot \end{bmatrix}$$

- Un canal discret est dit symétrique si les lignes de sa matrice stochastique sont formées des mêmes éléments à l'ordre près (par permutation circulaire).

- Un canal symétrique n'a pas forcément le même nombre d'entrées et de sorties. Les matrices de transitions suivantes sont celles de canaux symétriques, où p et q sont des éléments de l'intervalle [0, 1].

$$\Pi = \begin{pmatrix} p & q & 1-p-q \\ q & 1-p-q & p \\ 1-p-q & p & q \end{pmatrix}$$

$$\Pi = \begin{pmatrix} p & 1-p-q & q \\ q & 1-p-q & p \end{pmatrix}$$

Figure 4.2: Matrices stochastiques de deux canaux symétriques

Dans un canal symétrique H(Y/X) ne dépend pas de X. En effet:

$$\begin{aligned} H(Y \mid X) &= -\sum_{x,y} P(x,y) \log_2 P(y \mid x) \\ &= -\sum_x P(x) \sum_y P(y \mid x) \log_2 P(y \mid x) \\ &= -\sum_x P(x) H(\Pi) = H(\Pi) \end{aligned}$$

où $H(\Pi) = \sum_y p(y \mid x) \log_2 P(y \mid x)$ est indépendant de x.

3. Exemples de canaux

Canal binaire symétrique: La matrice stochastique ainsi que le graphe d'un canal binaire symétrique sont présentés dans la figure ci-dessous. *p* est appelé probabilité de transition ou probabilité d'erreur du canal. Dans le cas ou la probabilité de conversion d'un 0 en un 1 est impossible, le canal est appelé canal en Z. Ce canal est non symétrique.

$$\Pi = \begin{pmatrix} 1-p & p \\ p & 1-p \end{pmatrix}$$

$$\Pi = \begin{pmatrix} 1 & 0 \\ p & 1-p \end{pmatrix}$$

Figure 4.3: Matrice stochastique et graphe d'un canal binaire symétrique

Canal binaire à effacement: C'est un canal dérivé du canal binaire dans lequel une erreur de transmission génère une forme d'onde $\neq$ de celles associées aux 2 symboles binaires => $Y = \{0, 1, \infty\}$.

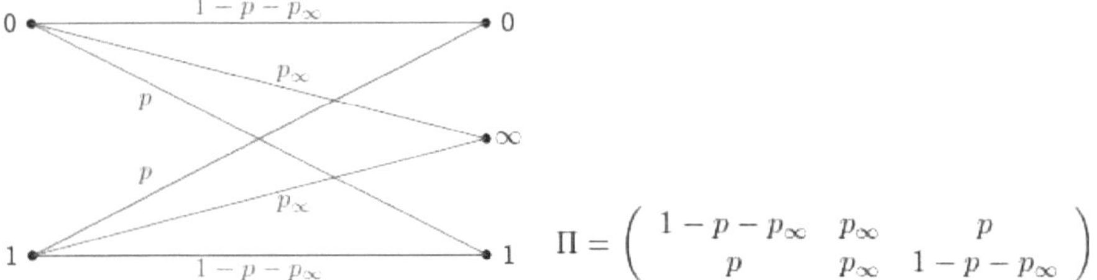

$$\Pi = \begin{pmatrix} 1 - p - p_\infty & p_\infty & p \\ p & p_\infty & 1 - p - p_\infty \end{pmatrix}$$

Figure 4.4: Matrice stochastique et graphe d'un canal binaire à effacement

Dans le cas où la probabilité d'effacement est nulle les modèles du canal deviennent:

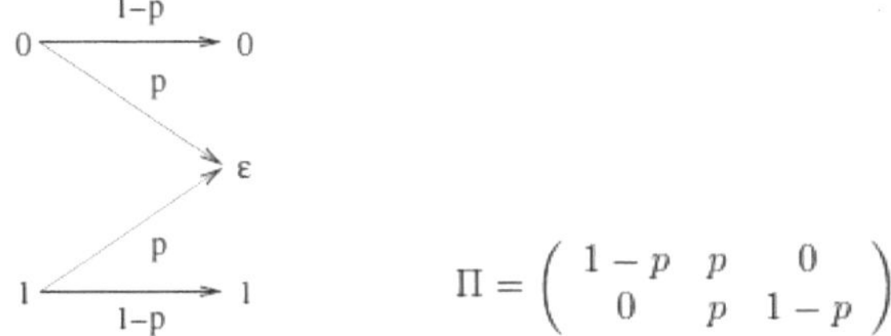

$$\Pi = \begin{pmatrix} 1 - p & p & 0 \\ 0 & p & 1 - p \end{pmatrix}$$

Figure 4.4: Matrice stochastique et graphe d'un canal binaire à effacement nul

4. Capacité d'un canal

4.1. Définition

La capacité d'un canal est la quantité maximale d'information correcte pouvant transiter à travers le canal par unité de temps. Autrement dit: quelle quantité d'information puis-je obtenir au maximum sur X en observant Y ?

Cette quantité est l'information mutuelle moyenne de X et Y, et le maximum est pris par rapport à la seule chose susceptible de changer: la loi d'émission.

$C = \max\limits_{x \to P(x)} [I(x;Y)]$ en bits/Symbole = Sh. Si D_C (exprimé en symboles/s) est le débit du canal, donc $C = [\max\limits_{x \to P(x)} I(x;Y)]D_C$ en Sh/s.

On remarque que I(X; Y) peut s'écrire en fonction des seules lois de transition et d'émission: $I(X,Y) = \sum\limits_{x,y} P(y|x)P(x)\log_2[\dfrac{P(y|x)}{P(y)}]$; $P(y) = \sum\limits_{x} P(y|x)P(x)$

$$C = \max\limits_{P(x)}[I(X,Y)] = \max\limits_{P(x)}[H(Y) - H(Y|X)]$$

Pour un canal parfait (sans bruit) P(x|y)=0 (pour x $\neq$ y), donc I(X, Y) = H(X) = H(Y) => C=log$_2$[f(X)]D$_C$ (f(x) = Card[X]). Dans ce cas: (X = Y).

4.2. Propriétés

Les propriétés de la capacité d'un canal se résument comme suit:

- $C \geq 0$ car I(X, Y) ≥ 0.
- $C \leq$ log$_2$[Card(X)] car H(X) $\leq$ log$_2$[Card(X)].
- I(X, Y) = H(Y) - H(Y|X) => C $\leq$ log$_2$[Card(Y)].
- C existe toujours est unique, car I(X; Y) est une fonction continue et concave de P_X. Cela ne signifie pas que C est facile à calculer analytiquement mais facilement accessible par optimisation numérique.
- L'entropie est maximisée quand la distribution de Y est uniforme. On a que Y est uniforme quand X est uniforme pour un canal fortement symétrique.

4.3. Capacité d'un canal symétrique discret sans mémoire.

A partir de la matrice stochastique:

$$\Pi = \begin{pmatrix} P(b_1 \mid a_1) & \cdots & P(b_J \mid a_1) \\ \vdots & \ddots & \vdots \\ P(b_1 \mid a_K) & \cdots & P(b_J \mid a_K) \end{pmatrix}$$

Soit $\pi_{k,j} = p(b_j \mid a_k)$; $I(X;Y) = H(Y) - H(Y|X)$

$$H(Y|X) = -\sum\limits_{k}\sum\limits_{j} p(a_k,b_j)\log_2[p(b_j|a_k)] = -\sum\limits_{k} p_k \sum\limits_{j} \pi_{k,j}\log_2(\pi_{k,j})$$

Sachant que le canal est symétrique, $-\sum_{j}\pi_{k,j}\log_{2}(\pi_{k,j})$ ne dépend pas de k. Notons-

le $H(\pi)$. Donc: $H(Y\,|\,X)=\sum_{k}p_{k}H(\pi)=H(\pi)\sum_{k}p_{k}=H(\pi)$. Pour maximiser

$I(X;Y)=H(Y)-H(\pi)$ il suffira de maximiser H(Y). En effet $H(\pi)$ ne dépend pas de

p$_k$. Les probabilités d'erreur sont indépendantes des symboles émises. Donc

$C=\log_{2}(J)-H(\pi); J=Card(Y)\Rightarrow C$ est maximale lorsque les symboles émis sont

équiprobables.

4.4. Exemples

Exemple 1: Canal binaire symétrique

Ce modèle de canal binaire sans mémoire est le plus simple.

$$\Pi = \begin{pmatrix} 1-p & p \\ p & 1-p \end{pmatrix}$$

$$H(\pi)=-p\log_{2}(p)-(1-p)\log_{2}(1-p)$$

$$\Rightarrow C=\log_{2}(2)-H(\pi)=1+p\log_{2}(p)+(1-p)\log_{2}(1-p)$$

On peut facilement retrouver ce résultat par calcul comme suit:

$$X=\{x_{1},\,x_{2}\}\;;\;\{p(x_{1})=\alpha,\;\;p(x_{2})=1-\alpha\}$$
$$Y=\{y_{1},\,y_{2}\}\;;\;\{p(y_{1})=?,\;\;p(y_{2})=?\}$$

Calcul de p(y$_k$):

$$[p(y_{k})]H(\pi)=\pi^{T}[p(x_{j})]\Rightarrow \begin{bmatrix}p(y_{1})\\p(y_{2})\end{bmatrix}=\begin{bmatrix}1-p & p\\ p & (1-p)\end{bmatrix}\begin{bmatrix}\alpha\\1-\alpha\end{bmatrix}$$

$$=\begin{bmatrix}(1-p)\alpha+p(1-\alpha)\\ p\alpha+(1-p)(1-\alpha)\end{bmatrix}=\begin{bmatrix}\alpha-2p\alpha+p\\ 2p\alpha+1-p-\alpha\end{bmatrix}$$

$$\Rightarrow H(Y)=(\alpha-2p\alpha+p)\log_{2}\frac{1}{(\alpha-2p\alpha+p)}+(2p\alpha+1-p-\alpha)\log_{2}\frac{1}{(2p\alpha+1-p-\alpha)}$$

Calcul de H(Y|X):

$$H(\Pi)=\sum_{y}P(y\,|\,x)\log_{2}P(y\,|\,x)$$

$H(Y|X) = (1-p)\log_2\dfrac{1}{(1-p)} + p\log_2\dfrac{1}{p}$ est indépendant de α. Donc $C = \max\limits_{P(x)}[I(X;Y)]$,

il suffit de maximiser H(Y) par rapport à α.

Posons: $f(\alpha) = \alpha - 2p\alpha + p \Rightarrow H(Y) = -f(\alpha)\log_2[f(\alpha)] = -[1-f(\alpha)]\log_2[1-f(\alpha)]$

$$\frac{d\,H(Y)}{d\alpha} = -f'(\alpha)\log(f(\alpha)) - f(\alpha)\frac{f'(\alpha)}{f(\alpha)} + f'(\alpha)\log(1\text{-}f(\alpha)) - (1\text{-}f(\alpha))\frac{-f'(\alpha)}{1\text{-}f(\alpha)}$$

$$= f'(\alpha)\log\left(\frac{1\text{-}f(\alpha)}{f(\alpha)}\right) = (1-2p)\log\left(\frac{1\text{-}f(\alpha)}{f(\alpha)}\right)$$

Pour que I(X; Y) soit maximale il faut que:

$$\frac{dH}{d\varepsilon} = 0 \Rightarrow 1 - f(\alpha) = f(\alpha) \Rightarrow f(\alpha) = \frac{1}{2} = \alpha - 2p\alpha + p$$

$$\Rightarrow \alpha = \frac{\left(\frac{1}{2} - p\right)}{(1-2p)} = \frac{1}{2}$$

$\Rightarrow$ C est maximale si les 2 symboles de la source sont équiprobables (loi uniforme)

$\Rightarrow$ $\{p(x_1) = p(x_2) = \frac{1}{2}\}$

$\Rightarrow$ $P(y_1) = p(y_2) = \frac{1}{2}$ $\Rightarrow$ $H(Y) = \frac{1}{2}\log_2(2) + \frac{1}{2}\log_2(2) = 1\ bit\,/\,symbole$

$\Rightarrow$ $C = 1 + p\log_2 p + (1-p)\log_2(1-p)$

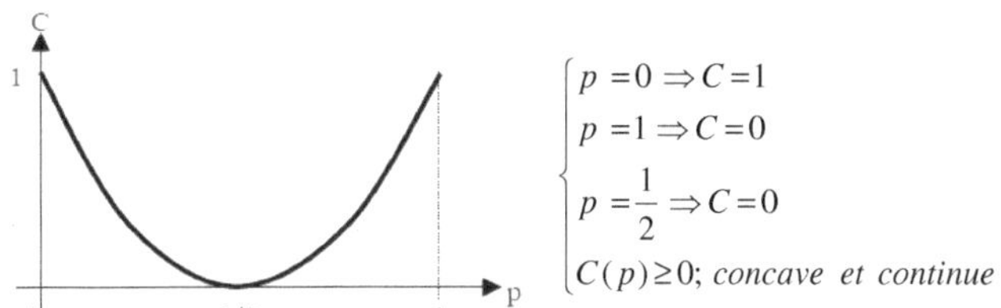

$$\begin{cases} p = 0 \Rightarrow C = 1 \\ p = 1 \Rightarrow C = 0 \\ p = \dfrac{1}{2} \Rightarrow C = 0 \\ C(p) \geq 0;\ concave\ et\ continue \end{cases}$$

Figure 4.5: Graphe de variation de la capacité d'un canal symétrique

Nous retrouvons les conclusions de l'illustration de la notion de la quantité d'information mutuelle:

- Lorsque la probabilité d'erreur est de 50% ; C = 0.
- Lorsque la probabilité d'erreur est de 0% ou 100%; C est maximale.

- Pour p = 0 => canal parfait sans erreur; C = 1 bit/symbole.
- Pour p = 1 (100%) → simple inversion des bits (0 et 1) par le canal.

Exemple 2: Canal binaire à effacement

$$\begin{pmatrix} 1-\alpha-\beta & \alpha & \beta \\ \alpha & 1-\alpha-\beta & \beta \end{pmatrix} \quad \begin{aligned} p(x=0) &= p \\ p(x=1) &= 1-p \end{aligned}$$

$$\begin{pmatrix} p(y=0) \\ p(y=1) \\ p(y=E) \end{pmatrix} = \begin{pmatrix} 1-\alpha-\beta & \alpha \\ \alpha & 1-\alpha-\beta \\ \beta & \beta \end{pmatrix} \begin{pmatrix} p \\ 1-p \end{pmatrix} \Rightarrow \begin{pmatrix} p(y=0) = (1-\beta)p + \alpha(1-2p) \\ p(y=1) = (1-\beta)(1-p) - \alpha(1-2p) \\ p(y=E) = \beta \end{pmatrix}$$

$$\max_{P(x)}[H(Y)] = -(1-\beta)\log_2(1-\beta) - \beta\log_2(\beta); \quad p = \frac{1}{2} \quad (P_X \ uniforme)$$

$$\Rightarrow I_{\max}(X;Y)] = C = (1-\beta) + \alpha\log_2(\alpha) + (1-\alpha-\beta)\log_2(1-\alpha-\beta) - (1-\beta)\log_2(1-\beta)$$

$\Rightarrow$ *Si* $\boldsymbol{\beta} = 0$ on retrouve le cas d'un canal binaire symétrique.

4.5. Interprétation de la capacité du canal

Shannon a imaginé les choses de la manière suivante:

- H(X) est la quantité d'information moyenne contenue dans un symbole de la source. Nous avons établi que I(X, Y)) = H(X)-H(X/Y).
- H(X/Y) est liée à l'existence d'une probabilité d'erreur de transmission.
- H(X/Y) est due à l'existence de bruit sur le canal.
- H(X/Y) est en quelque sorte une mesure de la quantité d'information perdue I(X, Y) devient ainsi la quantité d'information correcte transmise par le canal.
- La capacité du canal doit s'étendre au sens de la capacité de transmission sans erreur.
- Pour que la transmission soit performante, il faut fournir au récepteur de la quantité d'information manquante qui est H(X/Y).

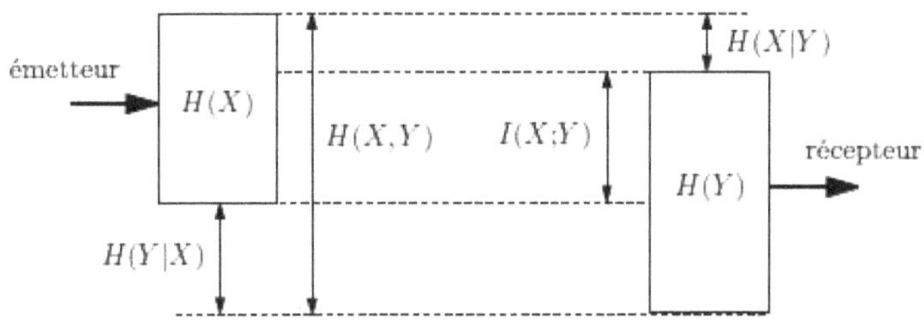

Figure 4.6: Relations Entropies/Informations pour un canal

- H(X) est la quantité d'information transmise par un canal sans bruit.
- H(X/Y) est l'information requise pour supprimer l'ambiguïté sur l'entrée.
- I(X, Y) est la quantité d'information transmise par le canal bruité.

4.6. Théorème de codage canal

Nous considérons un canal $T = (X, Y, \pi)$.

Définition: Un code en bloc de longueur n et de cardinal M est M séquences de n lettres de X. Nous parlerons de code (M, n). Le taux de transmission d'un code est égale à: $R = \dfrac{\log_2 M}{n}$. Un code va permettre de «coder» une quantité d'information égale à $\log_2 M$ bits, par unité de temps. R est aussi le nombre de bits transmis par usage de canal.

Exemples:

Code à répétition à longueur 3: C={000, 111}

Code de parité de longueur 4: C={0000, 0011, 0101, 0110, 1001, 1010, 1100, 1111}.

$C = \{0000000, 1101000, 0110100, 0011010, 0001101, 1000110, 0100011, 1010001, 1111111,$
$0010111, 1001011, 1100101, 1110010, 0111001, 1011100, 0101110\}$

4.6.1. Rôle de codage canal

A partir de I(X; Y) = H(X) – H(X/Y), on remarque que pour avoir une transmission performante, il faut fournir au récepteur la quantité d'information manquante qui est H(X/Y). Ceci permet d'introduire une redondance qui permettra de détecter et de corriger les erreurs dues à la transmission. Par exemples:

- Ajouter un bit de priorité et, en cas d'erreur à la réception, interroger de nouveau l'émetteur.

- Transmettre l'information en trois exemplaires et, en cas de désaccord, faire confiance à la majorité.

Le codage de canal utilise les symboles d'une source pour construire les objets appelés mots de codes. Pour un codage en bloc, l'information de la source est mise en trames de longueurs fixes: c'est le message.

- Message (k caractères) => codage canal => mot-code (n caractères fixes).

- n > k => 2^k messages possibles et 2^n mots-code possibles) => (n-k) caractères du mot-code qui sont redondants et servirons à traiter les erreurs éventuelles.

- $2^n > 2^k$ => un certain nombre de mots-code ne correspond pas à un message mais seulement à des erreurs de transmission.

Grâce à cette analyse, il est possible de mettre au point des méthodes de codage plus efficaces. Un codage de canal performant est d'autant plus nécessaire que le canal est bruité et perd de l'information. Le codage est donc lié à la nature du canal. Une transmission sur fibre optique est assurément plus «propre» qu'une transmission hertzienne.

4.6.2. Deuxième théorème de Shannon

Sachant que: I(X; Y) = H(X) – H(X/Y) => H(X/Y) = H(X) - I(X; Y), donc:

- Si H(X) ≤ C, il existe un système de codage tel que l'information de la source peut être transmise sur le canal avec une probabilité d'erreur aussi petite que l'on veut. En effet, sachant que H(X) ≤ C, nous pouvons ajouter de l'information à H(X) par un système de codage judicieux de manière à ce que H(X) – C devienne le plus petit possible.

- Si H(X) > C il ya de toute manière perte d'information et tout codage mal effectué peut aller dans le sens de l'augmentation de cette perte d'information.

4.6.3. Performance de l'algorithme de décodage

Soit C un code en bloc (M, n) utilisé dans un canal discret $T = (X, Y, \pi)$.

Définition: Un algorithme de décodage de C est une procédure qui a tout bloc de n lettres de Y associe un mot code de C.

L'événement «mauvais codage» pour un algorithme de décodage et un canal donné est défini par:

Un mot de code $x \in C \subset X^n$ est transmis à travers le canal, le mot $y \in Y^n$ est reçu et est décodé en $\bar{x} \neq x$.

Définition: Le taux d'erreur de C (dans le canal considéré) noté $P_e(C, x)$ est la probabilité de mauvais décodage quand x est transmis.

4.6.4. Erreur de détection

Définition: On parle d'erreur de détection lorsque le mot $c \in C$ a été émis et que l'on reçoit le mot d, avec $c \neq d$.

Toute erreur de transmission ne peut être détectée que si le mot reçu n'est pas un autre mot de code. En conséquence, si $c \in C$ est émis, on a:

- P(erreur non détectée|c est émis) = $\displaystyle\sum_{\substack{d \in C \\ d \neq c}} P(d \mid c)$.

- P(erreur non détectée) = $\displaystyle\sum_{c \in C} \sum_{\substack{d \in C \\ d \neq c}} P(d \mid c) P(c)$.

5. Conclusion

Un canal de transmission est généralement perturbé par un bruit qui dependra de l'environnement et de la nature du canal. Ceci nécessite une modélisation mathématique adéquate qui tient en compte de la quantité maximale d'information correcte pouvant transiter à travers le canal par unité de temps.

Ce chapitre a présenté le formalisme de modélisation mathématique d'un canal par une matrice stochastique et par un graphe de transmission. Différents types de canaux ont été aussi étudiés: canal binaire symétrique, canal binaire symétrique à effacement, etc. Ce chapitre a été achevé par une étude concernant la capacité maximale et le théorème de codage canal. Le suivant chapitre présente une technique de codage canal qui est le codage de bloc linéaires

Exercice 1:

1) Donner la matrice stochastique du canal ci-dessous.

2) Déduire la capacité de ce canal.

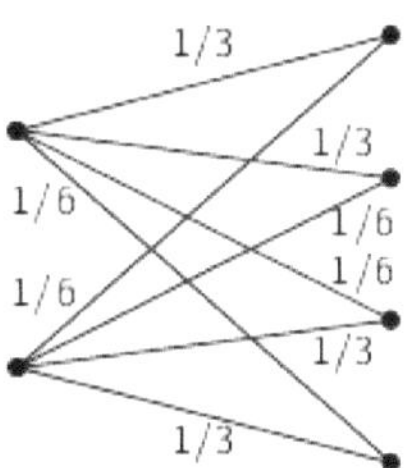

Exercice 2:

Les symboles 0, 1, 2 émis par une source X sont transmis à l'aide d'un canal bruité. Les symboles reçus en sortie du canal sont égaux à $Y = (X + Y)\bmod(3)$, avec $P(Z=0) = 0,5$; $P(Z=1)=0,2$ et $P(Z = 2) = 0,3$.

1) Quelle est la matrice de perturbation du canal, et quelle est sa structure ?

2) Exprimer l'information mutuelle $I(X, Y)$ en fonction de $H(Y|X)$ et en déduire sa valeur maximale.

Exercice 3:

Les symboles binaires émis par une source sont transmis simultanément à travers deux canaux binaires symétriques de probabilité d'erreur de transmission $\alpha_1 = 0,01$ et $\alpha_2 = 0,05$. Lorsque l'expéditeur émet un symbole 0 ou 1, le destinateur reçoit donc le couple (c_1, c_2) des deux bits fournis par deux canaux.

1) Calculer la capacité de ce double canal.

2) Comparer la capacité de ce double canal à la capacité de chacun des deux canaux.

Exercice 4:

On considère un canal de transmission schématisé de la façon suivante:

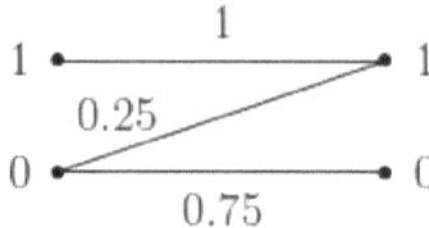

On prend en entrée une source binaire X émettant le symbole 0 avec probabilité p, et 1 avec probabilité 1 - p. On note Y le symbole reçu.

1) Donner la loi de (X; Y) et la loi de Y.

2) Calculer H(X ;Y), H(Y), et I(X ;Y).

3) Déterminer la capacité du canal.

4) On suppose désormais que p = 0,6.

    (a) Quelle est la probabilité que le symbole reçu soit différent du symbole émis?

    (b) On cherche à améliorer la situation (diminuer la probabilité d'erreur) en dupliquant le symbole émis par S (on envoie deux fois le même symbole), et en décodant les deux symboles reçus selon la règle $00 \mapsto 0, 01 \mapsto 0, 10 \mapsto 0, 11 \mapsto 1$. Quelle est la probabilité que le symbole décodé soit différent du symbole initialement émis?

    (c) Justifier le choix qui a été fait de la fonction de décodage ci-dessus.

Exercice 5:

On considère un canal binaire (i.e. entrées et sorties sont des symboles binaires) non symétrique (par exemple, ayant une fuite vers la masse, c'est à dire une plus grande probabilité de produire des 0). On cherche à calculer la capacité de ce canal.

Soit p la probabilité d'erreur en cas de transmission de 1 et q la probabilité d'erreur en cas de transmission de 0, c'est à dire en notant X le symbole à l'entrée du canal et Y le symbole en sortie:

$$p = P(Y = 0|X = 1) \qquad \text{et} \qquad q = P(Y = 1|X = 0)$$

Soit de plus s = P(X = 0).

1) Rappelez la définition de la capacité d'un canal.

2) Calculez H(Y|X). Il pourra être utile d'introduire la grandeur α = h(q) - h(p), où h(x) désigne l'entropie d'une variable aléatoire binaire de paramètre x.

3) Calculez H(Y). Il pourra être utile d'introduire la constante β = 1-p-q et la variable r= β.s+p.

4) Calculez la capacité du canal considéré, en fonction de γ= α/ β et de p. Il pourra être utile de savoir que: $\dfrac{dh(r)}{ds} = \beta \log_2(\dfrac{1-r}{r})$, avec r = β.s + p.

5) La capacité d'un canal symétrique binaire de probabilité d'erreur p vaut 1 - h(p). Retrouvez ce résultat à l'aide du résultat précédent.

Exercice 6:

On considère la voie de communication constituée de 2 canaux en cascade permettant d'acheminer les données binaires d'une source simple à 2 états logiques "0" et "1" équiprobables:

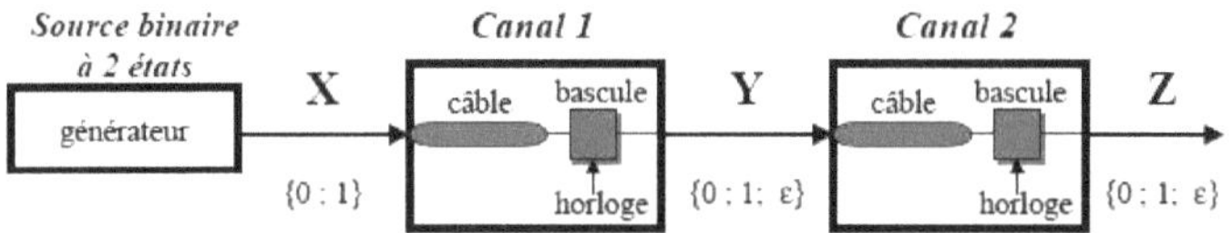

Suite à un défaut (d'alimentation des bascules), chaque canal génère parfois (probabilité p) un état indéterminé (parasite) en sortie, noté ε, en réponse à un état logique valide en entrée. Le problème est modélisé avec les matrices de transition des 2 canaux discrets suivantes:

P(Y /X)

X \ Y	0	1	ε
0	1-p	0	p
1	0	1-p	p

P(Z / Y)

Y \ Z	0	1	ε
0	1-p	0	p
1	0	1-p	p
ε	q	q	1-2q

1) Pour le 1er canal discret (X->Y):

- Exprimer les entropies H(Y), H(Y/X), et l'information mutuelle I(X,Y) en fonction de p.

- Application numérique (A.N.): calculer I(X, Y) pour p = 0,2. Commentez.

2) Pour le 2ème canal discret (Y->Z), quelle est la signification d'une valeur de q nulle ou non nulle?

On suppose le cas simplifié où q = 0 dans toute la suite.

3) Pour le canal global (X ->Z):

- Déterminer la matrice de transition du canal global P(Z/X) en fonction de p.

On suppose p = 0,2 dans toute la suite.

Note: la matrice P(Z/X) a alors la même forme que P(Y/X) en remplaçant p = 0,2 par p' = 0,36.

- En déduire la valeur de l'information mutuelle I(X, Z) et commenter par rapport à 1).

4) Existe-il théoriquement un codage à insérer entre la source et le canal permettant de réduire à volonté le taux d'erreur après décodage, avec seulement un taux de redondance de 50% ?

5) Soit un codage par répétition tel que le symbole de la source "0" (respectivement "1") soit codé par le mot-code X = 00 (respectivement X = 11).

- On suppose que le mot reçu Z = $\varepsilon\varepsilon$ est décodé par "0". Préciser la règle de décision du décodeur pour les autres mots reçus possibles.

- Calculer la probabilité d'erreur binaire après décodage et commenter l'amélioration apportée par le codage.

Correction

Exercice 1:

1) Matrice stochastique

$$\begin{pmatrix} \dfrac{1}{3} & \dfrac{1}{3} & \dfrac{1}{6} & \dfrac{1}{6} \\[2mm] \dfrac{1}{6} & \dfrac{1}{6} & \dfrac{1}{3} & \dfrac{1}{3} \end{pmatrix}$$

2) $C = H(Y) - H[\pi]$; $Card(Y) = 4$

$$=\log_2[Card(Y)] - \frac{1}{3}\log_2(3) - \frac{1}{3}\log_2(3) - \frac{1}{6}\log_2(6) - \frac{1}{6}\log_2(6) = 0{,}09$$

Sh/Symbole

Exercice 2:

$$X = \{0, 1, 2\} \longrightarrow \boxed{\text{Canal}} \longrightarrow Y = (X+Z)\bmod(3) = \{0, 2, 1\}$$

$$\Rightarrow \begin{pmatrix} p(y_1/x_1) & p(y_2/x_1) & p(y_3/x_1) \\ p(y_1/x_2) & p(y_2/x_2) & p(y_3/x_2) \\ p(y_1/x_3) & p(y_2/x_3) & p(y_3/x_3) \end{pmatrix}$$

Or $p(y_1/x_1) = p(z_1) = 0{,}5$; $p(y_2/x_1) = p(z_2) = 0{,}3$ et $p(y_3/x_1) = p(z_3) = 0{,}2$

$$\Rightarrow \begin{pmatrix} 0{,}5 & 0{,}3 & 0{,}2 \\ 0{,}2 & 0{,}5 & 0{,}3 \\ 0{,}3 & 0{,}2 & 0{,}5 \end{pmatrix}$$

Structure de la matrice:

- Tous les éléments de la même diagonale sont égaux.
- Somme des éléments de la même ligne sont égaux à 1.
- Les éléments de toutes les lignes sont identiques à une permutation circulaire près.

Donc le canal est symétrique.

2) Canal symétrique $I(X,Y)=H(Y)-H(Y/X)=H(Y)-H(\boldsymbol{\pi})$

$$H(\pi) = 0,5\log_2(\frac{1}{0,5}) + 0,3\log_2(\frac{1}{0,3}) + 0,2\log_2(\frac{1}{0,2}) = 1,48\, Sh/Symbole$$

$$C=\max_{P(x)}[I(X;Y)]= \log_2[\text{Card}(Y)] - H[\pi] = \log_2(3) - H[\pi] = 0,0995\ Sh/Symbole$$

Exercice 3:

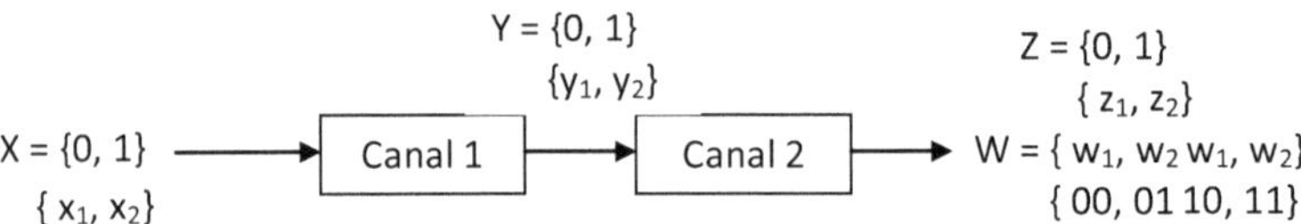

Canal 1:

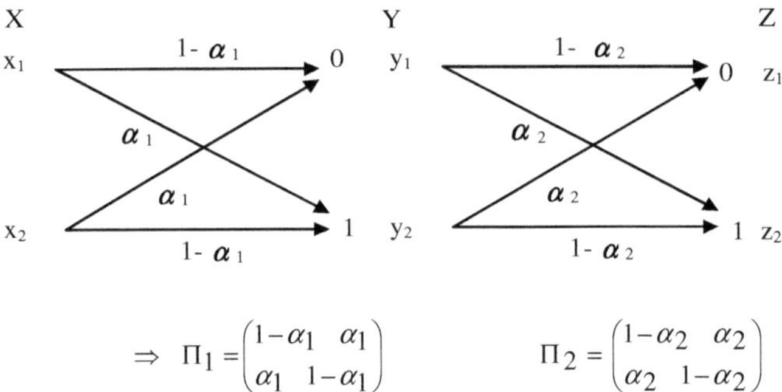

$$\Rightarrow\ \ \Pi_1 = \begin{pmatrix} 1-\alpha_1 & \alpha_1 \\ \alpha_1 & 1-\alpha_1 \end{pmatrix} \qquad \Pi_2 = \begin{pmatrix} 1-\alpha_2 & \alpha_2 \\ \alpha_2 & 1-\alpha_2 \end{pmatrix}$$

<u>C_1 et C_2 sont symétriques:</u>

$$C_1 = \log_2(2) - H(\Pi_1) = 1 - H(\Pi_1) = 1 - [(1-\alpha_1)\log_2(\frac{1}{1-\alpha_1}) + \alpha_1\log_2(\frac{1}{\alpha_1})]$$

$$C_2 = \log_2(2) - H(\Pi_2) = 1 - H(\Pi_2) = 1 - [(1-\alpha_2)\log_2(\frac{1}{1-\alpha_2}) + \alpha_1\log_2(\frac{1}{\alpha_2})]$$

X = {0, 1} $\longrightarrow$ C_2C_1 $\longrightarrow$ W = {w₁, w₂, w₃, w₄}

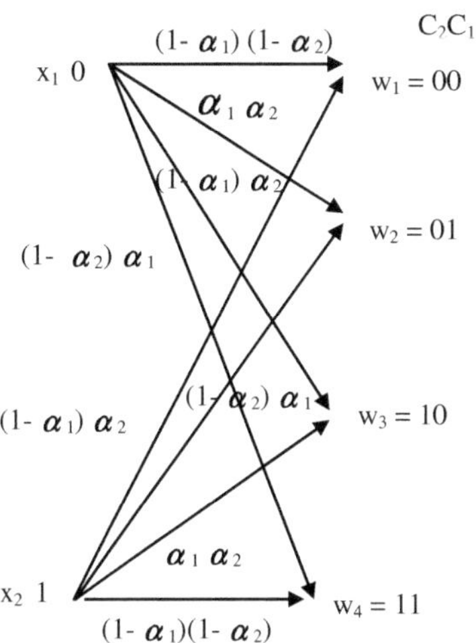

$$\Pi = \begin{pmatrix} (1-\alpha_1)(1-\alpha_2) & \alpha_1\alpha_2 & (1-\alpha_1)\alpha_2 & (1-\alpha_2)\alpha_1 \\ (1-\alpha_2)\alpha_1 & (1-\alpha_1)\alpha_2 & \alpha_1\alpha_2 & (1-\alpha_1)(1-\alpha_2) \end{pmatrix}$$

$C = =\log_2[Card(W)] - H[\pi] = 2 - H[\pi]; \; Card(W) = 4$

2) <u>Relation entre C_1, C_2 et C</u>

$$C_1 = 1 + (1 - \alpha_1)\log_2(1 - \alpha_1) + \alpha_1 \log_2(\alpha_1)$$

$$C_2 = 1 + (1 - \alpha_2)\log_2(1 - \alpha_2) + \alpha_2 \log_2(\alpha_2)$$

$$C = 2 + (1 - \alpha_1)(1 - \alpha_2)\log_2((1 - \alpha_1)(1 - \alpha_2)) + \alpha_1\alpha_2 \log_2(\alpha_1\alpha_2)$$
$$+ (1 - \alpha_1)(\alpha_2)\log_2((1 - \alpha_1)(\alpha_2)) + (1 - \alpha_2)(\alpha_1)\log_2((1 - \alpha_2)(\alpha_1))$$

$$C = 2 + (1 - \alpha_1 - \alpha_2 + \alpha_1\alpha_2)\log_2(1 - \alpha_1) + (1 - \alpha_1 - \alpha_2 + \alpha_1\alpha_2)\log_2(1 - \alpha_2)$$
$$+ \alpha_1\alpha_2 \log_2(\alpha_1) + \alpha_1\alpha_2 \log_2(\alpha_2) + (\alpha_2 - \alpha_1\alpha_2)\log_2(1 - \alpha_1) + (\alpha_2 - \alpha_1\alpha_2)\log_2(\alpha_2)$$
$$+ (\alpha_1 - \alpha_1\alpha_2)\log_2(\alpha_1) + (\alpha_2 - \alpha_1\alpha_2)\log_2(1 - \alpha_2)$$

$$C_1 + C_2 = 2 + \log_2(1 - \alpha_1) + \alpha_1 \log_2(\alpha_1) - \alpha_1 \log_2(1 - \alpha_1) + \alpha_1 \log_2(\alpha_1)$$
$$+ \log_2(1 - \alpha_2) - \alpha_2 \log_2(1 - \alpha_2) + \alpha_2 \log_2(\alpha_2)$$
$$= C$$

Donc $C = C_1 + C_2$

A.N: $\begin{cases} C_1 \approx 0{,}95 \, Sh \, / \, Symbole \\ C_2 \approx 0{,}75 \, Sh \, / \, Symbole \\ C \approx 1{,}7 \; Sh \, / \, Symbole \end{cases}$

Exercice 4:

1) Par simples produits (formule des probabilités conditionnelles), on trouve P((X, Y) = (0, 0)) = 0,75p; P((X, Y) = (0, 1)) = 0,25p; P((X, Y) = (1, 0)) = 0 et P((X, Y) = (1, 1)) = 1- p. On en déduit par sommation la loi de Y: P(Y = 0) = 0,75p; P(Y =1) = 1 - 0,75p.

2) Ayant la loi de (X, Y), on peut facilement obtenir H(X, Y), et de même pour H(Y). On simplifie significativement les notations et les calculs en utilisant la notation:

$h(p) = -p\log_2(p) - (1-p)\log_2(1-p)$ (Fonction entropie binaire); on obtient alors:

$$H(X.Y) = \sum_i \sum_j p(x_i . y_j)\log(\frac{1}{p(x_i . y_j)})$$

$$= h(p) - ph(0,75)$$

H(Y) = h(0,75p) et H(X) = h(p)

Sachant que I(X, Y) + H(X, Y) = H(X) + H(Y) on en déduit: I(X, Y) = h(0,75p) – ph(0,75).

3) $C = \max_{P(x)}[I(X;Y)]$, donc il faut déterminer le maximum de I(X; Y) lorsque p varie entre 0 et 1:

$\dfrac{dh(p)}{dp} = -\dfrac{1}{Ln(2)}[Ln(p) - Ln(1-p)] = \log_2(\dfrac{1-p}{p})$ et on se ramène à résoudre l'équation:

$0,75\log_2(\dfrac{1-0,75p}{0,75p}) - h(0,75) = 0 \Rightarrow p = \dfrac{4}{3\times 2^{\frac{4h(3/4)}{3}}} \approx 0,427$ qui donne une valeur

maximale pour l'information mutuelle (et donc la capacité): C = 0,558.

4) a) Le symbole reçu est différent du symbole émis si et seulement si on émet 0 et reçoit 1 (puisque 1 est toujours transmis sans erreur), soit une probabilité de 0,25p = 0,15.

b) Dans cette situation, le symbole décodé diffère du symbole émis par la source, si et seulement si la source émet 0, mais que c'est 11 qui est transmis. La probabilité n'est pas le carrée de la précédente, puisque la source n'est interrogée qu'une seule fois: la réponse correcte est $p \times (0,25)^2 = 0,0375$ (soit 3,75%).

(c) Dans la mesure où le canal transmet toujours fidèlement les 1, on peut être sûr, chaque fois qu'un 0 est reçu, que c'est bien un 0 qui a été émis. Il est donc naturel, chaque fois qu'un des blocs 00, 01 ou 10 est reçu, de décoder en 0 puisque l'on sait avec certitude que c'est ce qui a été émis. Il reste alors seulement le choix entre décoder 11 en 0 (et alors, tout sera décodé en 0; l'information transmise est nulle), et décoder 11 en 1.

Exercice 5:

1) La capacité d'un canal est définie comme étant la plus grande valeur possible (parmi les entrées possibles) de l'information mutuelle entre l'entrée et la sortie du canal: $C = \max_{s} I(X;Y)$

2)

$$
\begin{aligned}
H(Y|X) &= \sum_{x} P(X = x)\, H(Y|X = x) \\
&= P(X = 0) \cdot H(Y|X = 0) + (1 - P(X = 0)) \cdot H(Y|X = 1) \\
&= s\, \mathrm{h}(q) + (1 - s)\, \mathrm{h}(p)
\end{aligned}
$$

En effet "Y|X = 0" est une variable aléatoire binaire de paramètre q et "Y|X = 1" est une variable aléatoire binaire de paramètre p. Finalement, H(Y|X) = αs + h(p).

3) Y est une variable aléatoire binaire, son entropie est donc h(P(Y = 0)).

Or P(Y = 0) = p(1-s) + (1-q)s = (1-p-q)s + p = r, et donc H(Y) = h(r)

4) D'après 1), il nous faut commencer par calculer I(X, Y) puis le maximiser par rapport à s.

$I(X, Y) = H(Y) - H(Y|X) = h(r) - \alpha s - h(p)$

Pour le maximiser par rapport à s, dérivons: $\dfrac{dI(X,Y)}{ds} = \beta \log_2(\dfrac{1-r}{r}) - \alpha$ puis on cherche les zéros de cette dérivée:

$$\beta \log_2(\frac{1-r}{r}) - \alpha = 0$$

$$\Rightarrow \log_2(\frac{1-r}{r}) = \frac{\alpha}{\beta} = \gamma \Rightarrow \frac{1-r}{r} = 2^\gamma \Rightarrow r = \frac{1}{1+2^\gamma}$$

et $s = \dfrac{1}{\beta}(r - p) = \dfrac{1}{\beta}(\dfrac{1}{1+2^\gamma} - p)$.

Et finalement: $C = h(\dfrac{1}{1+2^\gamma}) - \gamma(\dfrac{1}{1+2^\gamma} - p) - h(p)$

5) Dans le cas d'un canal symétrique binaire, on a p = q et donc $\gamma = \alpha = 0$. La formule précédente devient: $C = h(\dfrac{1}{2}) - 0 - h(p) = 1 - h(p)$ qui est bien le résultat attendu.

Exercice 6:

1) Pour le 1er canal discret (X->Y), entrée à 2 états x_0 = "0" et x_1 = "1" avec $p(x_0)$ = $p(x_1)$ = ½ et sortie Y à 3 états y_0 = "0", y_1= "1", y_2 = "ε". Avec $p(y_0)$ = ½(1-p); $p(y1)$ = ½(1-p); $p(y_2)$ = p.

Source simple => $H(Y) = -\Sigma_i p(y_i)\log_2(p(y_i)) = -(1-p)\log_2(½(1-p)) - p\log_2(p)$.

Matrice P(Y/X) uniforme par rapport à l'entrée, donc ici H(Y/X) indépendant des probabilités en entrée et peut se calculer (cas particulier) seulement avec une ligne de la matrice P(Y/X).

$H(Y/X) = -H(Y/X=x_0) = -\Sigma_i p(y_i/x_0)\log_2(p(y_i/x_0)) = -(1-p)\log_2(1-p) - p\log_2(p)$

On en déduit $I(X, Y) = H(Y) - H(Y/X) = -(1-p)\log_2(½)$ => $I(X, Y) = 1-p$.

Soit: $I(X,Y)$ = 0,8 Sh/symbole pour p = 0,2. L'information mutuelle représente la quantité moyenne d'information bien transmise.

Le taux d'apparition du parasite en sortie, p, représente logiquement le taux d'information mal transmise (par rapport à l'information totale injecté à l'entrée du canal H(X)). En effet: I(X, Y) = H(X) − p, puisque H(X) = 1 ici, et donc p = H(X/Y).

2) Pour le 2ème canal discret (Y->Z), on peut avoir un état parasite qui se présente en entrée (généré par le premier canal en réponse à un niveau logique "0" ou "1"). Si q = 0, un état parasite en entrée se traduit automatiquement par un état parasite en sortie. Si q ≠ 0, 2q représente la proportion de niveaux logiques valides en sortie (avec répartition uniforme entre "0" et "1") en réponse à un parasite à l'entrée.

3) Pour le canal global (X ->Z), avec cas simplifié où q = 0:

- Matrice de transition du canal global P(Z/X) en fonction de p.

La matrice est celle des $p(z_j/x_i)$, qui se déduit du produit matriciel des 2 matrices. En effet $\{y_0/x_i, y_1/x_i, y_2/x_i\}$ étant un système complet d'évènements, on a avec l'axiome des probabilités totales: $P(z_j/x_i) = p(z_j/y_0)p(y_0/x_i) + p(z_j/y_1)p(y_1/x_i) + p(z_j/y_2)p(y_2/x_i)$ et sous forme vectorielle (P(X), P(Y), P(Z): vecteur lignes):

P(Y) = P(X)P(Y/X) et P(Z) = P(Y)P(Z/Y) d'où P(Z) = P(X)[P(Y/X)P(Z/Y)]. Ce que l'on peut aussi déduire du diagramme de transition global:

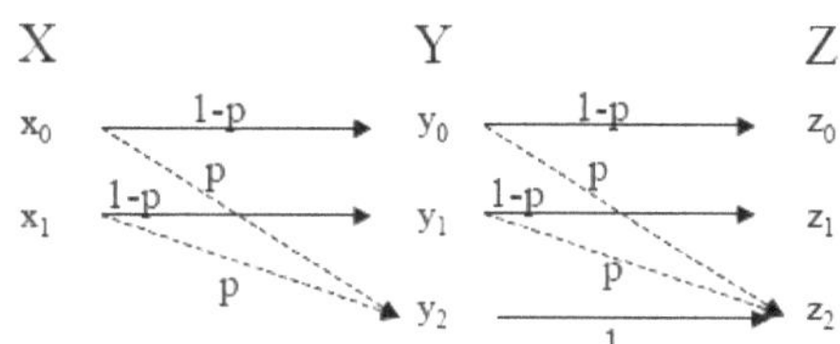

Finalement, avec q = 0 on obtient la matrice: P(Z/X) = P(Y/X)P(Z/Y)

$X \backslash Z$	0	1	ε
0	$(1-p)^2$	0	$2p-p^2$
1	0	$(1\,p)^2$	$2p\,p^2$

Donc la matrice est identique à celle de P(Y/X) dans laquelle on remplacerait p par p' tel que 1-p' = (1-p)², soit avec p' = 2p –p² . Pour p = 0,2 on a p' = 0,36 qui représente la nouvelle probabilité d'obtenir un niveau parasite en sortie du canal, sachant un niveau logique ("0" ou "1" en entrée). D'après le calcul effectué en 1, I(X, Z) = 1- p' = (1-p)² = 0,64 Sh/Symb.

La mise en cascade des 2 canaux a évidemment diminué encore la quantité d'information bien transmise. Néanmoins avec q = 0, les états indéterminés se propagent sans introduire de faux états logiques, et chaque étage amène la même proportion (80%) d'information moyenne bien transmise, soit en tout avec les 2 étages 80%x80 % = 64%.

4) D'après le 2ème théorème de Shannon, il existe théoriquement un codage à insérer entre la source et le canal permettant de réduire à volonté le taux d'erreur après décodage si et seulement si l'entropie à l'entrée du canal H(X), donc après codage de la source S sans mémoire (d'entropie H(S) = 1Sh/symbole), est inférieure à la capacité du canal C.

Si on impose une redondance de 50% due au codage (qui introduit de la mémoire en X), l'entropie de H(X) est dorénavant 0,5 Sh/symbole. L'existence d'un codage «idéal» est alors assurée si la capacité du canal X->Z est supérieure à 0,5 Sh/symbole. C'est bien le cas puisque C est le max de I(X,Z) (sur toutes les entrées possibles X) et donc C ≥ 0,64 Sh/symbole. En fait on peut vérifier que pour ce canal C est précisément égal à 0,64 Sh/symbole.

5) Codage par répétition tel que le symbole de la source "0" (respectivement "1") soit codé par le mot-code X = 00 (respectivement X = 11).

- règle de décision du décodeur pour les mot reçus possibles:

mots reçus possibles Z: 00 0ε ε0 εε ε1 1ε 11

décision pour X: 0 0   0   0   1   1   1

Note: les mots reçus "01" et "10" sont impossibles.

- probabilité d'erreur binaire après décodage Ped: en fait seulement le mot reçu εε peut amener à une erreur de décision sur le bit, si c'était en réalité un "1" à la source, d'où: Ped = Pr(X = 11; Z = εε) = Pr(Z = εε/X = 11)Pr(Pr(X = 11).

$$= p'^2/2 = (0{,}36)^2/2 = 6{,}5\%$$

Si on n'avait pas fait de codage à l'émission, et en décidant "0" pour Z = 0 ou Z = ε à la réception, et en décidant "1" pour Z = 1 reçu, on aurait la probabilité binaire d'erreur: Pe = Pr(Z = ε; X = 1) = Pr (Z = ε/X = 1)Pr(X = 1) = p'/2 = 18%.

Chapitre 5: Codage canal: Codes de bloc linéaires

1. Introduction

Une information binaire peut subir des modifications lors de sa transmission ou lors de son stockage. En effet, le support de transmission (canal) peut être perturbé par un bruit. Il faut donc utiliser des codes permettant de détecter ou même de corriger les erreurs dues à ces modifications. On utilise généralement des codes pour représenter l'information afin de résoudre trois types de problèmes:

- assurer l'intégralité de l'information (détection et correction d'erreurs).
- minimiser la taille de l'information (compression).
- garantir la sécurité de l'information (encryptage).

Ce chapitre s'intéresse à la résolution du problème de détection et correction d'erreurs en utilisant des codes de bloc linéaires.

2. Définitions et propriétés des codes de bloc linéaires

2.1. Codes de blocs

L'information de la source est mise en trames de longueur fixe que nous devons transmettre: c'est le message. Le codage de canal prend ce message pour en faire un mot de code:

$$\text{Message} \Rightarrow \text{codage de canal} \Rightarrow \text{mot de code}$$

Le message est constitué de k caractères soit 2^k messages possibles. Le mot de code utilisé sera lui aussi de longueur fixe de n caractères soit 2^n mots de code possibles. Avec n > k il y aura donc n-k caractères du mot de code qui sont redondants et serviront à traiter les erreurs éventuelles. On parle ainsi d'un code de bloc (n, k).

Exemple: Le code C suivant et un code(5, 4):

$$C = \{11100, 01001, 10010, 00111\}$$

Un cas particulier des codes de blocs est celui des codes où le message apparaît explicitement sur ses k caractères. A côté de ces k caractères seront donc ajoutés n-k caractères redondants. Nous obtenons alors un code dit code systématique.

$$C_m = [\ \underbrace{b_0\ b_1\ \text{...................}\ b_{n\text{-}k\text{-}1}}_{(n\text{-}k)\ \text{caractères de contrôle}}\ \underbrace{m_0\ m_1\ \text{.............}\ m_{k\text{-}1}}_{k\ \text{caractères du message}}\ ]$$

$$\underbrace{\phantom{b_0\ b_1\ \text{...................}\ b_{n\text{-}k\text{-}1}\ m_0\ m_1\ \text{.............}\ m_{k\text{-}1}}}_{n\ \text{caractères du mot de code}}$$

2.2. Poids d'un code

Le poids d'un mot de code est par définition le nombre de caractères non nuls que contient ce mot. Par exemple le mot 11001000 est de poids 3, le mot 10011010 est de poids 4 et le mot 00000000 est de poids nul. Un code est dit de poids fixe (ou poids constant) si tous les mots du code ont le même poids.

2.3. Distance de Hamming

La distance de Hamming d_{ij} entre deux mots de code est le nombre de bits dont ils diffèrent. Par exemple les mots 11001000 et 10011010 ont une distance de 3.

Pour les mots-code x, y et z, la distance de Hamming vérifie les propriétés suivantes:

1. $d_{Ham}(x, y) = 0 \Leftrightarrow x = y$
2. $d_{Ham}(x, y) = d_{Ham}(y, x)$
3. $d_{Ham}(x, y) \leq d_{Ham}(x, z) + d_{Ham}(z, y)$

La distance minimale du code est le minimum de l'ensemble des distances entre codes :

$d_{min} = \min\{d_{ij}\}$

2.4. Codes linéaires

Un code est linéaire s'il répond au principe de superposition: $a_i C_i + a_j C_j = C_k$. Pour tout a_i, $a_j = \{0, 1\}$ (en binaire), si C_i et C_j sont des mots de code, alors C_k est aussi un mot de code.

2.4.1. Conséquence

Si $a_i = a_j = 0 \Rightarrow C_k = $ "0". Un code linéaire contient le code "0" et un code de poids fixe ne peut être un code linéaire.

2.4.2. Distance minimale d'un code linéaire

Soit: $C_i = C_c + C_m$ et $C_j = C_c + C_q$ deux mots-code avec: $C_c = $ code commun constitué des bits "1" identiques de C_i et C_j. C_m et C_q n'ont par conséquence aucun bit commun.

Exemple:

$C_i = 11001000$

$C_j = 10011010 \Rightarrow C_c = 10001000$, $C_m = 01000000$, $C_q = 00010010$.

En appelant w les poids des codes: $d_{ij} = w_m + w_q$. <u>Quel est le minimum de d_{ij}</u> ?

Un code linéaire contient le code "0" => parmi les $\{d_{ij}\}$ il y a un sous ensemble minimal correspondant à $C_j = $ "0" soit $w_m = w_i$ et $d_{ij} = w_i$. Ce qui justifie le théorème suivant:

Théorème:

Pour un code linéaire, la distance minimale est le plus petit poids du code, mot de code nul exclus ($\min\{d_{ij}\} = \min\{w_k\}$ pour C_k différent de "0").

Remarque: un code parfait a nécessairement une distance minimale impaire.

3. Génération d'un code de bloc linéaire systématique

A partir d'un message X_m de k caractères tel que:

$$X_m = [\underbrace{m_0\ m_1 \ldots\ldots\ldots\ldots m_{k-1}}_{k\ \text{caractères du message}}]$$

Nous devons générer un mot de code de bloc linéaire systématique qui a la structure suivante:

$$C_m = [\underbrace{\underbrace{b_0\ b_1 \ldots\ldots\ldots\ldots b_{n-k-1}}_{(n-k)\ \text{caractères de contrôle}}\ \underbrace{m_0\ m_1 \ldots\ldots\ldots m_{k-1}}_{k\ \text{caractères du message}}}_{n\ \text{caractères du mot de code}}]$$

Soit $C_m = [B_m X_m]$ où B_m contient les caractères de contrôle appelés aussi caractères de parité.

3.1. Génération du mot de code

3.1.1. Matrice de génération de code

Matrice notée G, elle sert à générer le mot de code C_m à partir du message X_m soit:

$C_m = X_m G$. Nous nous intéressons à des codes systématiques, la matrice G est donc de la forme: $G = [P\ I_k]$. G étant une matrice (k, n), P une matrice $(k, n-k)$ et I_k la matrice identité (k, k). Un exemple d'une matrice d'un code $(7, 4)$ est le suivant:

$$G = \begin{bmatrix} 1 & 0 & 1 & 1 & 0 & 0 & 0 \\ 1 & 1 & 1 & 0 & 1 & 0 & 0 \\ 1 & 1 & 0 & 0 & 0 & 1 & 0 \\ 0 & 1 & 1 & 0 & 0 & 0 & 1 \end{bmatrix}$$

Remarque: Un code non systématique serait tel que: $G = [P\ M]$ où la matrice M est une matrice qui mélange les bits du message pour le crypter. Nous pouvons bien sûr nous ramener à un code systématique par combinaison des lignes entre elles pour faire intervenir la matrice I_k. Tout code de bloc peut ainsi se ramener à l'étude d'un code systématique équivalent. La partie essentielle de la matrice G est donc la matrice P appelée matrice de parité.

3.1.2. Principe de la réalisation du codeur

Chaque bit de parité s'exprime donc par: $b_i = \sum_{j=1}^{k} m_j p_{ji}$

En binaire les b_i sont obtenus par une simple addition binaire. Pour le code(7, 4) de matrice ci-dessus on a: $b_0 = m_0 + m_1 + m_2$;

$$b_1 = m_1 + m_2 + m_3;$$

$$b_2 = m_0 + m_1 + m_3.$$

Figure 5.1: Architecture de principe d'un codeur

Le principe de la réalisation technique est donc simple, il suffit de disposer de deux registres à décalage et d'un inverseur (Switch électronique) ce qui donne le schéma ci-dessus.

Exemple:

Pour l'exemple d'un code (7, 4) dont la matrice de génération est donnée dans la section 3.2.1, la géneration du mot code est donnée par la multiplication matricielle suivante:

$$C_m = X_m G = (m_0 \quad m_1 \quad m_2 \quad m_3) \begin{bmatrix} 1 & 0 & 1 & 1 & 0 & 0 & 0 \\ 1 & 1 & 1 & 0 & 1 & 0 & 0 \\ 1 & 1 & 0 & 0 & 0 & 1 & 0 \\ 0 & 1 & 1 & 0 & 0 & 0 & 1 \end{bmatrix}$$

$$C_m = \left[\ \underbrace{(\,m_0 + m_1 + m_2\,)}_{b_0}\ \underbrace{(\,m_1 + m_2 + m_3\,)}_{b_1}\ \underbrace{(\,m_0 + m_1 + m_3\,)}_{b_2}\ m_0\ \ m_1\ \ m_2\ \ m_3\ \right]$$

3.2. Détection des erreurs de transmission

3.2.1. Matrice de contrôle de parité

Nous définissons un espace dual engendré par la matrice H telle que: $H = [I_{n-k}\ P^T]$.

En décomposant les matrices nous obtenons:

$$G.H^T = \begin{bmatrix} P & I_k \end{bmatrix} \begin{bmatrix} I_{n-k} \\ P \end{bmatrix} = P + P = 0$$

En effet P est constitué d'éléments binaires tels que : $\alpha + \alpha = 0$. D'où la relation fondamentale: $G.H^T = 0$. Avec l'exemple précédent:

$$H = \left[\begin{array}{ccc|cccc} 1 & 0 & 0 & 1 & 1 & 1 & 0 \\ 0 & 1 & 0 & 0 & 1 & 1 & 1 \\ 0 & 0 & 1 & 1 & 1 & 0 & 1 \end{array}\right]$$

$$\underbrace{}_{I_{n-k}}\qquad \underbrace{}_{P^T}$$

GH^T est de dim(k, n-k) = (4, 3). En effet, G est de dim(k, n) = (4, 7) et H^T est de dim(n, n-k) = (7, 3).

3.2.2. Syndrome

A partir de la relation $C_m = X_m G$, nous pouvons établir la relation servant de base à la détection d'erreur: $C_m H^T = X_m G H^T = 0$ pour tout mot de code $= \underbrace{(0\ \ 0\ 0)}_{0_0 \ldots \ldots 0_{n-k-1}}$

Le détecteur va utiliser cette relation. En effet, si le mot de code reçu Y_m est entaché d'erreur nous pouvons l'exprimer sous la forme: Code reçu=code émis+erreur => $Y_m = C_m + E_m$.

En effectuant le contrôle $Y_mH^T = C_mH^T + E_mH^T = E_mH^T$. S'il n'y a pas eu erreur de transmission $E_m.H^T = 0$. $E_m.H^T$ est par définition le syndrome de l'erreur $\check{S}_m = Y_mH^T = E_mH^T$ qui ne dépend que de l'erreur de transmission commise et non du mot de code, ce qui simplifie le décodeur.

3.2.3. Théorème

Supposons deux syndrômes $S_i = E_iH^T$ et $S_j = E_jH^T$.

Si $S_i = S_j => (E_i - E_j)H^T = 0 => (E_i - E_j)$ est un mot de code. Donc deux vecteurs d'erreur qui diffèrent d'un mot de code ont le même syndrôme. Ce théorème montre qu'il peut y avoir ambiguïté dans la détection des erreurs.

3.2.4. Lien avec la distance minimale

Chaque élément de la matrice M est: $m_j = \sum_i c_i h_{ji}$

$$M = C_m.H_T$$

$$\downarrow \qquad \downarrow \qquad \downarrow$$

$$(1, n\text{-}k) \quad (1, n) \quad (n, n\text{-}k)$$

Ce qui est une combinaison linéaire sur une ligne j de tous les éléments des colonnes => M est une combinaison linéaire des colonnes de la matrice H et cette combinaison linéaire est nulle. Donc les colonnes de H sont linéairement dépendantes.

Le nombre de colonnes intervenant dans la combinaison est égale au nombre de "1" du code C_m ce qui est le poids de Hamming du mot de code.

La distance de Hamming du code étant le poids minimal de ce code => La distance minimale de Hamming d_{min} d'un code est égale au nombre minimal de colonnes de la matrice H dont la somme est nulle.

Le nombre de colonnes de H linéairement indépendantes est $d_{min}\text{-}1$ et le rang maximal de cette matrice est n-k ce qui établi la relation: $d_{min} \leq n\text{-}k\text{+}1$

3.2.5. Code étendu

Pour améliorer la détection des erreurs, on ajoute des bits de parité aux colonnes de H ce qui créé à partir d'un code (n, k) un code étendu (n+1, k) tel que:

$$H_e = \begin{bmatrix} 1 & 1 & \leftarrow & 1 & 1 & \rightarrow & 1 \\ 0 & & & & & & \\ \uparrow & & & & \uparrow & & \\ 0 & & & \leftarrow & H & \rightarrow & \\ \downarrow & & & & \downarrow & & \\ 0 & & & & & & \end{bmatrix}$$

Cela augmente la distance de Hamming $d_{min} \rightarrow d_{min} + 1$

3.3. Correction des erreurs

3.3.1. Erreurs détectables

Le nombre minimal de bits changeant entre chaque code est d_{min} (distance minimale du code). Le nombre maximal d'erreurs détectables e_D est donc:

$e_D = d_{min} - 1$.

3.3.2. Nombre d'erreurs corrigeables

Nous avons au maximum 2^k messages à transmettre donc 2^k mots de code corrects parmi les 2^n possibles. Si X est le mot de code émis, E l'erreur de transmission et Y le mot de code reçu: $Y = X + E$. S'il y a t erreurs de transmission => la distance de Hamming entre Y et X est t. Nous pouvons faire un schéma où un point représente un code, une croix un code correspondant à un message et la distance entre deux points, la distance de Hamming.

S'il y a t erreurs de transmission, tous les mots de codes possibles correspondant à cette erreur sont situés dans une sphère située autour du code réel transmis. Soit deux codes X_i et X_j et t erreurs de transmission, si nous sommes dans la situation suivante:

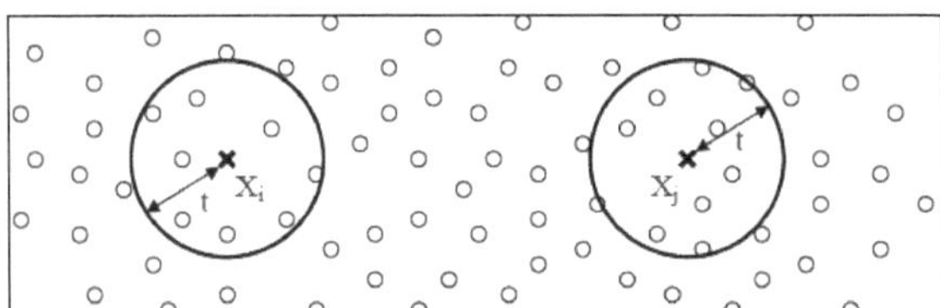

Figure 5.2: Relation entre erreurs et la distance de Hamming: Premier cas

Tout code appartenant à une sphère peut être sans ambiguïté attribué au code le plus proche => les erreurs de transmission sont toutes corrigeables (Deuxième cas).

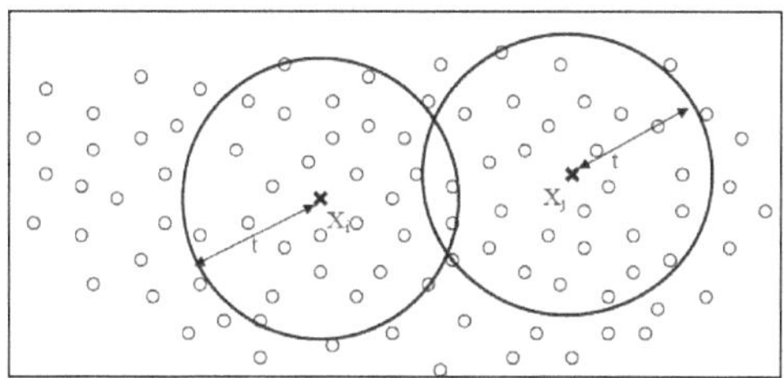

Figure 5.3: Relation entre erreurs et la distance de Hamming: Deuxième cas

Dans ce cas, les codes appartenant à l'intersection des sphères ne peuvent être attribués. Pour éviter toute ambiguïté nous devrons donc respecter la condition : $2t \leq d_{min}-1$, t étant un entier, e_C le nombre maximum d'erreurs corrigeables sera: $e_C =$ Int $[\frac{1}{2}(d_{min}-1)]$.

Le nombre e_{DNC} d'erreurs détectables et non corrigeables est tel que: $e_{DNC} + e_C = e_D$. Compte tenu des relations précédentes nous aurons aussi la relation: $e_{DNC} \ddagger e_C$.

Exemple:

$d_{min} = 7 =>$ erreurs détectables $e_D = 6$.

        erreurs corrigeables $e_C = 3$.

        erreurs détectables non corrigeables $e_{DNC} = 3$.

3.3.3. Technique de correction des erreurs

On considère un canal binaire symétrique caractérisé par:

$P(1|0) = P(0|1) = p\ et\ P(0|0) = P(1|1) = 1-p$ avec $p < 0,5$.

En notant c le mot envoyé et d le mot réçu, $d_{Ham}(c, d)$ correspond au nombre d'erreurs de symboles dues au canal. En conséquence:

$$P(d\,|\,c) = p^{\,d_{Ham}(c,d)}\,(1-p)^{\,n-d_{Ham}(c,d)}$$

   ➤ $P(d\,|\,c)$ est une fonction décroissante de $d_{Ham}(c, d)$.

   ➤ $P(d\,|\,c)$ est maximale lorsque $d_{Ham}(c, d)$ est minimale.

La méthode de correction des erreurs consiste à associer au mot de code reçu, le mot de code le plus proche au sens de la distance entre mots de code. C'est le décodage par maximum de vraisemblance.

Pour un mot de code reçu le syndrome associé est: $S_m = Y_m H^T = E_m H^T$. Chaque ligne de H^T (colonne de H) est le syndrome d'une erreur simple. Pour un code (n, k), il y a n erreurs simples possibles et avec (n-k) bits de contrôle nous pouvons coder $(2^{(n-k)} - 1)$ erreurs (-1 car "000…0" n'est pas un code d'erreur) => il reste détectables $(2^{(n-k)}-1-n)$ autres erreurs que des erreurs simples (inversion d'un seul bit), erreurs doubles, triples, etc.

3.3.4. Procédure de décodage

La procédure de décodage du mot reçu y se résume comme suit:

➢ On calcul le syndrome de y, $S(y) = yH^T$.

    - Si $S(y)$ = "0", y est un mot code et on interprète y en le mot code y.

    - Sinon on recherche la séquence de z de longueur n de poids minimum telle que: $zH^T = S(y)$ et on décode (d(y,z) est minimale) y en c = y+z est un mot code. Donc: c + z = y => c = y-z = y+z avec:

$$0-0= 0$$
$$0-1= 1$$
$$1-0= 1$$
$$1-1 =0$$

Le problème consiste donc à trouver z de poids minimum vérifiant $zH^T = S(y)$. Pour faire on utilise une table de décodage construite comme suit:

➢ On liste les $2^{(n-k)}$ valeurs possibles de S du syndrome et on recherche pour chacune la séquence z de longueur n de poids minimum vérifiant: $zH^T = S$.

➢ Le plus simple est de commencer par z = "0" puis faire correspondre une valeur S aux z de poids 1, puis aux z de poids 2, etc. On s'arrête lorsque toutes les valeurs S ont un z correspondant.

➢ Comme on choisit le mot-code c tel que c = y+z, les erreurs corrigées sont celles apparaissant dans la table. En conséquence la probabilité des séquences d'erreurs qui ne figurent pas dans la table.

3.3.5. Exemple 1

On considère le code $(6, 3) = (n, k)$; 3 bits d'information et 3 bits de contrôle tel que:

Table 5.1: Mots d'information et mots-code du code $(6, 3)$

Mots d'information	Mots code
000	000000
001	110001
010	101010
011	011011
100	011100
101	101101
110	110110
111	000111

On note: $u_1u_2u_3$ les mots d'information et $a_1a_2\ldots a_6$ les mots-code.

⇨ $a_4 = u_1$; $a_5 = u_2$ et $a_6 = u_3$.

⇨ Code systématique.

⇨ $a_1 = u_2+u_3$; $a_2 = u_1+u_3 = u_2$; $a_3 = u_1+u_2$.

$$G = \begin{bmatrix} 0\,1\,1\,1\,0\,0 \\ 1\,0\,1\,0\,1\,0 \\ 1\,1\,0\,0\,0\,1 \end{bmatrix} \text{ de dim(k, n), } G = [P \; I_k] \text{ et P de dim(k, n-k)}$$

$$\Rightarrow H = [\,I_{n-k} \;\; P^T\,] = \begin{bmatrix} 1\,0\,0\,0\,1\,1 \\ 0\,1\,0\,1\,0\,1 \\ 0\,0\,1\,1\,1\,0 \end{bmatrix} \Rightarrow H^T = \begin{bmatrix} 1\,0\,0 \\ 0\,1\,0 \\ 0\,0\,1 \\ 0\,1\,1 \\ 1\,0\,1 \\ 1\,1\,0 \end{bmatrix}$$

Construire la table de décodage => valeurs possibles des syndromes. H^T de dim(6, 3) et les séquences z de dim(1, 6) => les produits zH^T de dim(1, 3) => 2^3 valeurs possibles de syndromes:

- z = (000000) => S = (000) pas d'erreur.
- z = (001000) => S = (001), etc.

Table 5.2: Syndrôme et séquence z du code (6, 3)

Syndrome	Séquence z
000	000000
001	001000
010	010000
011	000100
100	100000
101	000010
110	000001
111	100100

D'après cette table de décodage, on constate que le code permet de corriger toutes les configurations d'une erreur et une configuration de deux erreurs.

- $D_{min} = 3$;
- $e_D = d_{min} - 1 = 2$;
- $e_C = E[(3-1)/2] = 1$;
- $n = 6$ erreurs simples; $2^{6-3} - (6+1) = 1$ erreur double, etc.

Supposons que l'on reçoive le mot $y = 111110 \Rightarrow y.H^T = S(y) = (001)$, la table de décodage permet de déterminer $z = 001000$. Le décodage de y est $c = y + z = 001000+111110 = 110110$.

Si p est la probabilité d'erreur du canal binaire symétrique utilisé pour transmettre ces mots-code, alors la probabilité de mauvaise interprétation d'un mot reçu est:

$$1 - \left\{ (1-p)^6 + 6p(1-p)^5 + p^2(1-p)^4 \right\}$$

3.3.6. Exemple 2

Soit le code (5, 2) définit par:

$$G = \begin{bmatrix} 1 & 0 & 1 & 1 & 0 \\ 0 & 1 & 1 & 0 & 1 \end{bmatrix} \qquad H = \begin{bmatrix} 1 & 0 & 0 & 1 & 0 \\ 0 & 1 & 0 & 0 & 1 \\ 0 & 0 & 1 & 1 & 1 \end{bmatrix}$$

On remarque qu'il ya 5 erreurs simples possibles avec leurs syndromes associés et $(2^{(n-k)}-1-n) = 2$ autres syndromes. La table des erreurs est la suivante:

Table 5.3: Syndrôme et erreurs du code (5, 2)

Syndromes possible S_m	Erreurs probables E_m	
000	00000	Pas d'erreur
001	00100	Erreur bit 2

010	01000	Erreur bit 1
011	00001	Erreur bit 4
100	10000	Erreur bit 0
101	00010	Erreur bit 3
110		
111		

Dans cette table apparaissent les deux syndromes non associés à une erreur simple. Prenons le syndrome 110. Il peut être associé à une erreur double du type (bit 0 + bit 1) soit 11000 mais aussi à une erreur du type (bit 3 + bit 4) soit 00011. Il y a ici ambiguïté entre deux erreurs doubles.

Pour le syndrome 001 associé à une erreur bit 2 il pourrait être associé à une erreur type (bit 1 + bit 4) mais ici l'ambiguïté est entre une seule erreur simple et d'autres erreurs doubles, triples, etc.

Dans cet exemple, H a au plus trois colonnes linéairement indépendantes => d_{min} = 3. Le nombre d'erreurs corrigeables est: $e_c = Int[\frac{1}{2}(d_{min}-1)] = 1$. Le nombre d'erreurs détectables est: $e_D = d_{min} - 1 = 2$. En effet, si nous affectons la solution la plus vraisemblable au sens de la distance minimale, toutes les erreurs simples peuvent être corrigées. En ce qui concerne les erreurs doubles, elles sont détectables mais nous pouvons soit les confondre entre elles, soient les confondre avec une erreur simple.

Dans le second cas le maximum de vraisemblance corrige comme une erreur simple (c'est effectivement ce qui a la plus forte probabilité d'arriver) et dans le premier elle tranche en faveur de la solution la plus probable qui, pour un code donné est toujours la même. Qu'arrive-t-il pour des erreurs triples? Au sens du critère, elles sont toujours systématiquement confondues soit avec une erreur simple soit une erreur double, elles sont de ce fait non détectables et par là même non corrigeables.

Le processus de corresction des erreurs s'effectu suivant les opération ordonées suivantes:

1. Réception d'un mot de code Y_m.

2. Calcul du syndrome associé S_m.

3. Avec une table des erreurs, calcul de l'erreur la plus vraisemblable E_m' associée au syndrome.

4. Calcul du mot de code le plus vraisemblable: $C_m' = Y_m \oplus E_m'$ (en binaire, le $\oplus$ est un ou exclusif).

5. Extraction du message X_m' de C_m'.

Avec l'exemple précédent: $X_m = [10] \Rightarrow C_m = X_m G = [10110]$

Erreur sur le bit 3 $\Rightarrow Y_m = [10110] \Rightarrow$ syndrome $S_m = Y_m H^T = [100]$

$\Rightarrow$ Table $E_m' = [00010] \Rightarrow C_m' = Y_m \oplus E_m' = [10100] \oplus [00010] = [10110] = C_m$

Erreur sur les bits 1 et 3 $\Rightarrow Y_m = [11101] \Rightarrow$ syndrome $S_m = Y_m H^T = [010]$

$\Rightarrow$ Table $E_m' = [10000] \Rightarrow C_m' = Y_m \oplus E_m' = [11110] \oplus [10000] = [01110] \neq C_m$

Noter que le tableau standard n'est jamais utilisée en pratique; ce n'est qu'une représentation à garder en tête, pour comprendre les phénomènes. On a recours en général à des méthodes calculatoires, utilisant la structure du code, pour localiser directement les bits erronés.

4. Code linéaire classique: Codes de Hamming

Parmi les codes linéaires classiques proposés dans la littérature, on distingue les codes de Hamming, les codes de Reed-Muller, les Code de Golay et les codes de Hadamard. Suite à leurs simplicités, les codes de Hamming sont les plus utilisés.

Les codes de Hamming sont des codes binaires parfaits qui ont la propriété: (n, k) = (2^k-1, 2^k-1-k) avec k entier. Pour construire ce code, on fixe un entier k et on code chaque bloc de m = 2^k - k - 1 bits de données par un bloc de n = 2^k - 1 bits en ajoutant donc k bits, dits de correction, a certaines positions au bloc de m bits.

k = 2 code (3, 1) peu d'intérêt, m = 1 on ne transmet qu'un bit de message.

k = 3 code (7, 4)

k = 4 code (15, 11)

k = 5 code (31, 26), etc.

Le tableau suivant indique les nombres de bits de correction et de données pour différentes valeurs de k. Dans la suite de l'étude, on retient k = 3.

Table 5.4: Nombres de bits de correction/données pour différentes valeurs de k.

K=3	m=4	n=7
K=4	m=11	n=15
K=5	m=26	n=31

4.1. Calcul des k bits de correction

Les k bits de correction sont placés dans le bloc envoyé aux positions d'indice une puissance de 2 en comptant à partir de la gauche. Ainsi, en notant k_1 k_2 k_3 les bits de correction et $m_1 m_2 m_3 m_4$ les bits de données, le bloc envoyé est: A = k_1 k_2 m_1 k_3 $m_2 m_3 m_4$.

Les k bits de correction sont calcules en utilisant une matrice de parité H, représente ci-dessous pour k=3.

$$
\begin{array}{c}
\begin{array}{ccccccc} 1 & 2 & 3 & 4 & 5 & 6 & 7 \end{array} \\
H = \begin{pmatrix} 1 & 0 & 1 & 0 & 1 & 0 & 1 \\ 0 & 1 & 1 & 0 & 0 & 1 & 1 \\ 0 & 0 & 0 & 1 & 1 & 1 & 1 \end{pmatrix}
\end{array}
\Rightarrow H^T = \begin{bmatrix} 1 & 0 & 0 \\ 0 & 1 & 0 \\ 1 & 1 & 0 \\ 0 & 0 & 1 \\ 1 & 0 & 1 \\ 0 & 0 & 1 \\ 1 & 1 & 1 \end{bmatrix}
$$

Remarque: La colonne i de la matrice représente en binaire la valeur de i.

Les k bits de correction sont tels qu'en considérant le vecteur:

$$A = (k_1 k_2 m_1 k_3 m_2 m_3 m_4) \Rightarrow AH^T = (000)$$

Le nombre maximum de colonnes de H linéairement indépendantes est (n-k) = m= d_{min}.

=> e_D = Int[½(m-1)]. m = 3 => e_D = 1; m = 4 => e_D = 1; m = 5 e_D = 2;…

4.2. Réception des données et correction

On obtient ainsi 3 équations scalaires que doivent vérifier les k bits de correction:

$$
\begin{cases}
k_1 \oplus m_1 \oplus m_2 \oplus m_4 = 0 \\
k_2 \oplus m_1 \oplus m_3 \oplus m_4 = 0 \\
k_3 \oplus m_2 \oplus m_3 \oplus m_4 = 0
\end{cases}
$$

On reçoit le bloc C = $c_1 c_2 c_3 c_4 c_5 c_6 c_7$ qui peut être différent du bloc A s'il y a eu des perturbations sur la ligne.

Si on considère qu'il n'y a eu qu'une seule erreur de transmission, alors on peut écrire: C=A + E ou E est un bloc contenant 6 bits a 0 et 1 bit a 1. Les positions des 0 et du 1 sont inconnues dans le bloc. On calcule le vecteur S tel que:

$$S = (S_3 S_2 S_1) = HC = H (A + E) = HA + HE = HE$$

Finalement, S est une des colonnes de la matrice de parité dont l'indice nous donne la position de l'erreur dans le bloc C. L'erreur est corrigée en changeant le bit considéré d'état. $S_3S_2S_1$ est le code binaire de position de l'erreur dans le bloc C que nous obtenons à partir des équations suivantes:

$$\begin{cases} S_1 = c_1 \oplus c_3 \oplus c_5 \oplus c_7 \\ S_2 = c_2 \oplus c_3 \oplus c_6 \oplus c_7 \\ S_3 = c_4 \oplus c_5 \oplus c_6 \oplus c_7 \end{cases}$$

Si $(S_3S_2S_1) = (000)$, alors il n'y a pas eu d'erreur.

5. Conclusion

Une classe de codes très importante est celle des codes linéaires, notamment en raison des outils dont nous disposons pour manipuler et représenter les applications linéaires à l'aide de l'écriture matricielle.

Ce chapitre a présenté la théorie, la technique de codage et la technique de correction des codes linaires. Différentes exemples ont été aussi présentés afin de bien expliquer cette classe de codes. L'inconvénient majeur de ces codes réside dans le faite qu'ils permettent la détection et la correction d'un nombre limité d'erreurs. Afin de surmonter cet incontinent, des codes cycliques ont été proposés dans la littérature. Le suivant chapitre décrit ce type de codes.

Série 5: Codes linéaires

Exercice 1:

On considère le code de Hamming(7, 4) de matrice génératrice:

$$G = \begin{bmatrix} 1 & 0 & 0 & 0 & 0 & 1 & 1 \\ 0 & 1 & 0 & 0 & 1 & 0 & 1 \\ 0 & 0 & 1 & 0 & 1 & 1 & 0 \\ 0 & 0 & 0 & 1 & 1 & 1 & 1 \end{bmatrix}$$

1) Coder la séquence 100101011010.

2) Décoder 000101001010101111000010100011.

3) Que vaut le taux de transmission R de ce code ?

4) Peut-on utiliser un tel code pour comprimer les données? Peut-on l'utiliser pour corriger des erreurs? Si oui, combien d'erreurs peut-on corriger au maximum ?

5) On utilise ce code pour un canal dont la capacité vaut C = 0,49. En utilisant le théorème de Shannon concernant les transmissions avec erreur sur un canal bruité, que peut-on dire du taux d'erreur par bit lors d'une telle transmission?

Exercice 2:

1) Démontrer que la distance minimale d'un code de Hamming est égale à d si et seulement si tous les mots-codes non nuls ont au moins d bits égaux à 1, et au moins l'un d'entre eux a exactement d bits égaux à 1.

2) Montrer qu'un code de Hamming corrige jusqu'à e - 1 erreurs et détecte (mais ne corrige pas nécessairement) jusqu'à e erreurs si et seulement si tout ensemble de 2e-1 colonnes de la matrice de parité est constitué de colonnes linéairement indépendantes.

3) Soit un code de Hamming défini par la matrice de parité 4×6:

$$H = \begin{pmatrix} 1 & 0 & 0 & 0 & 1 & h_{1,6} \\ 1 & 1 & 0 & 0 & 0 & h_{2,6} \\ 0 & 1 & 1 & 0 & 0 & h_{3,6} \\ 1 & 0 & 0 & 1 & 0 & h_{4,6} \end{pmatrix}$$

a) Si l'on choisit $h_{1,6} = h_{2,6} = h_{3,6} = h_{4,6} = 1$, déterminer la liste des mots-code. Quel est le nombre de bits d'information et de parité. Combien d'erreurs ce code corrige-t-il ?

b) Montrer que les variables $h_{1,6}$; $h_{2,6}$; $h_{3,6}$ et $h_{4,6}$ ne peuvent pas être choisies de manière à ce que le code corrige les erreurs simples, mais aussi détecte (sans corriger) les erreurs doubles.

Remarque: On rappelle que si la distance minimale de Hamming vaut x alors tout ensemble de x-1 colonnes de H doit être linéairement indépendant.

Exercice 3:

On appelle générateur d'un code binaire (n, k), une matrice k×n dont les lignes sont k mots code linéairement indépendants. Chacun des 2^k mots-code peut alors s'exprimer comme une combinaison linéaire des lignes de G.

1) a) Déterminer la matrice de parité du code dont le générateur est:

$$G_1 = \begin{pmatrix} 1 & 1 & 0 & 0 & 1 \\ 0 & 1 & 1 & 0 & 0 \\ 0 & 1 & 0 & 1 & 1 \end{pmatrix}$$

b) Quelles sont les propriétés de correction et/ou détection d'erreur de ce code ?

2) a) Déterminer la matrice de parité du code dont le générateur est:

$$G_2 = \begin{pmatrix} 1 & 1 & 1 & 1 \end{pmatrix}$$

b) Quelles sont les propriétés de correction et/ou détection d'erreur de ce code ?

Exercice 4:

Soit G la matrice de taille (2, 4) à coefficients dans F_3 définie par:

$$G = \begin{pmatrix} 1 & 2 & 0 & 1 \\ 1 & 0 & 1 & 2 \end{pmatrix}$$

1) Quel est le rang de G.

2) Déterminer sa longueur, sa dimension et son cardinal. Le code est-il systématique.

3) Soit I_2 la matrice d'identité de taille (2, 2) et B la matrice de taille (2, 2) à coefficients dans F_3 tell que $(I_2|B)$ soit une matrice génératrice de C. Déterminer la matrice de contrôle de C.

4) Quelle est la distance minimum de C ? Quelle est sa capacité de correction ?

5) Posons $x = (1, 0, 2, 0) \in F_3^4$. Déterminer e mot de C le plus proche de x au sens de la distance de Hamming.

Exercice 5:

Soit un code défini par la matrice génératrice G suivante:

$$G = \begin{pmatrix} 1 & 0 & 1 \\ 0 & 1 & 1 \end{pmatrix}$$

1) Quelles sont les tailles des mots à coder et des mots-code ?

2) Pourquoi appelle-t-on ce code un "code de parité" ? Quels sont a priori ses pouvoirs de détection et de correction ?

3) Donner tous les mots de code générés par G.

4) Calculer la distance de Hamming minimale entre deux mots de ce code. Vérifier les valeurs trouvées à la question 2 pour les pouvoirs de détection et de correction.

Exercice 6:

1) Soit un code en bloc linéaire C(n, k), qui à tout mot binaire $m = [m_1,..., m_k]$ associe un mot de code $c = [c_1,...,c_n]$. Le canal introduit une erreur sur un seul bit de c, à la position i. On note cette erreur $e = [0...010...0]$, le 1 étant placé en $i^{ème}$ position. En notant H la matrice de contrôle du code, montrer que le syndrôme s est égal à la $i^{ème}$ ligne de H^T.

2) Le codage est défini par le système d'équations suivant:

$$c_1 = m_1 \qquad c_5 = m_1 + m_2 + m_3$$
$$c_2 = m_2 \qquad c_6 = m_1 + m_2$$
$$c_3 = m_3$$
$$c_4 = m_1 + m_3$$

Quelle est la matrice génératrice G ? On montre que si $G = [I_k, P]$, alors la matrice de contrôle s'écrit $H = [P^T, I_{n-k}]$. Exprimer H dans notre cas.

3) On reçoit le mot r = 010111. Calculer le syndrome s. Sous l'hypothèse qu'un seul bit du mot de code c émis a été altéré par la transmission, en déduire ce mot.

4) Construire les mots du code de matrice génératrice G. Quel est la distance minimale de ce code ? En déduire les pouvoir de détection et de correction du code.

5) On reçoit 111111. Quel est le décodage ?

Exercice 7:

On considère un code en bloc linéaire (6, 3), de matrice génératrice G.

$$G = \begin{bmatrix} 1 & 1 & 1 & 0 & 1 & 0 \\ 0 & 1 & 1 & 1 & 0 & 1 \\ 1 & 0 & 1 & 0 & 0 & 1 \end{bmatrix}$$

1) Un code sous forme systématique est tel que les mots-code sont composés par les k bits d'information suivis par (n-k) bits de redondance. Ecrire la matrice génératrice du code permettant d'obtenir la forme systématique du code.

2) Donner tous les mots de code.

3) En déduire la distance minimale d_{min} de ce code. Combien d'erreurs peut-il corriger ?

4) Déterminer la matrice de parité du code, à partir de la matrice génératrice sous forme systématique.

Exercice 8:

Un code associe à deux éléments binaires d'information des mots constitués de cinq éléments binaires suivant la correspondance:

éléments binaires d'information	mots code
00	00000
01	01101
10	10111
11	11010

1) Montrer que le code est systématique et déterminer sa matrice génératrice. En déduire sa matrice de contrôle.

2) On suppose que les éléments binaires code sont transmis sur un canal binaire symétrique. Construire la table de décodage répondant au principe de décodage à distance minimum.

Exercice 9:

On considère un code de Hamming(7, 4) avec k_1, k_2 et k_3 représentent les bits de contrôle et s_1, s_2 et s_3 représentent les bits de syndrôme.

1) En construisant tous les mots du code, vérifier que $d_{min} = 3$.

2) Montrer qu'il existe des cas d'erreur double que l'on ne peut pas corriger parfaitement.

3) Le code de Hamming(7, 4) est-il parfait ?

4) On souhaite envoyer le bloc de données 1110. Déterminer le bloc A que l'on envoie effectivement en utilisant le code de Hamming.

5) On reçoit le bloc 0011101. Corriger les erreurs qui entachent le message s'il y a eu lieu.

Exercice 10:

On considère le code linéaire en blocs défini par une matrice de vérification de parité obtenue en rajoutant à la matrice de parité du code de Hamming(7, 4, 3) une colonne de zéros puis une ligne de uns.

$$H = \begin{pmatrix} 1 & 0 & 1 & 1 & 1 & 0 & 0 & 0 \\ 0 & 1 & 1 & 1 & 0 & 1 & 0 & 0 \\ 1 & 1 & 0 & 1 & 0 & 0 & 1 & 0 \\ 1 & 1 & 1 & 1 & 1 & 1 & 1 & 1 \end{pmatrix}$$

1) A quoi correpond pratiquement la modificétion du code de Hamming ?

2) Mettre la matrice H sous forme systématique.

3) Trouver une matrice génératrice G de ce code. En déduire la longueur n et la dimension k de ce code ?

4) Montrer que ce code détecte 7 configurations d'erreurs autres erreurs que des erreurs simples (inversion d'un seul bit), erreurs doubles, triples, etc. En déduire qu'il corrige toutes les configurations d'une erreur.

Correction

Exercice 1:

1) La séquence se décompose tout d'abord en blocs de taille 4: 1001 0101 1010 qui sont chacun codés par G:

$$\begin{aligned} 1001 &\longrightarrow 1001 \cdot G = 1001100 \\ 0101 &\longrightarrow 0101010 \\ 1010 &\longrightarrow 1010101 \end{aligned}$$

Donc toute la séquence sera codée 100110001010101010101.

2) Pour décoder il faut la matrice de vérification du code. Par définition la matrice de vérification d'un code de Hamming (2^m - 1; 2^m - m - 1) consiste en l'énumération en binaire des 2^m - 1 vecteurs de taille m. Ici nous énumérons donc 7 colonnes sur 3 bits:

$$H = \begin{bmatrix} 0 & 0 & 0 & 1 & 1 & 1 & 1 \\ 0 & 1 & 1 & 0 & 0 & 1 & 1 \\ 1 & 0 & 1 & 0 & 1 & 0 & 1 \end{bmatrix}$$

Pour décoder 0001010010101011100010100011, il faut tout d'abord le décomposer en blocs de 7 bits: 0001010 0101010 1110001 0100011 puis décoder chaque bloc à l'aide de son syndrome (obtenu par multiplication avec H):

message codé	syndrome	bit à corriger	message corrigé	message décodé
0001010	010	2	0101010	0101
0101010	000	–	0101010	0101
1110001	111	7	1110000	1110
0100011	011	3	0110011	0110

Donc le message final décodé est: 0101010111100110. Une autre solution consiste à considérer le code de Hamming comme un code linéaire quelconque et à utiliser alors:

$$H' = \begin{bmatrix} -A^t & I_3 \end{bmatrix} - \begin{bmatrix} 0 & 1 & 1 & 1 & 1 & 0 & 0 \\ 1 & 0 & 1 & 1 & 0 & 1 & 0 \\ 1 & 1 & 0 & 1 & 0 & 0 & 1 \end{bmatrix}$$

Il faut en plus construire la table des syndrômes (en la justifiant par le lien syndrôme ↔ colonne de H):

syndrome	correction
000	−
011	1000000
101	0100000
110	0010000
111	0001000
100	0000100
010	0000010
001	0000001

On obtient alors:

message codé	syndrome	correction	message corrigé	message décodé
0001010	101	0100000	0101010	0101
0101010	000	−	0101010	0101
1110001	001	0000001	1110000	1110
0100011	110	0010000	0110011	0110

3) Le taux de transmission vaut trivialement R =4/7 (7 bits en sortie pour 4 bits en entrée).

4) Ce code prend des messages de 4 bits et les transforme en messages de 7 bits. Il ne fait donc certainement pas de la compression! Les codes de Hamming sont en fait des codes correcteurs d'erreur. On sait de plus qu'ils ne détectent et corrigent qu'une seule erreur.

5) Nous avons un canal de capacité C = 0,49 et un code de taux de transmission R = 4/7 > 3,5/7 = 0,5. On a donc R > C, ce qui d'après le théorème de Shannon nous assure que le taux d'erreur par bit est au moins de $h^{-1}(1 - C/R)$.

Bien que le code soit correcteur d'erreur, il existe des cas où la transmission sur ce canal se fera avec des erreurs, même après correction.

Exercice 2:

1) Soit w_i un mot code et $W(w_i)$ son poids. Le poids peut s'écrire comme $W(w_i) = d(w_i, 0)$. Nous allons utiliser la propriété des distances: $d(w_i, w_j) = d(w_i-w_k, w_j-w_k)$. En remplaçant k par j on obtient $d(w_i, w_j) = d(w_i - w_j, 0)$, $w_i - w_j$ étant aussi un mot-code car tous les mots-code forment un groupe.

Démonstration: La définition de distance minimale de Hamming $d = \min_{i,j}\{d(\omega_i, \omega_j)\}$ implique comme cas particulier lorsque $\omega_j = 0$ (0 est toujours un mot code) $\forall i: d(\omega_i, 0) = W(\omega_i) \geq d$. Mais elle implique qu'il existe au moins un (l, m) tel que $d(\omega_l, \omega_m) = d$ (car au moins il y a deux mots codes qui atteignent le minimum), ce qui permet d'écrire $d(\omega_l - \omega_m, 0) = d$. Il existe donc un k tel que $\omega_k = \omega_l - \omega_m$ satisfait $W(\omega_k) = d$.

Inversement si on suppose que $W(\omega) \geq d$ alors $\forall i, j \, \exists k: \omega_k = \omega_i - \omega_j$ tel que $d(\omega_i, \omega_j) = d(\omega_i - \omega_j, 0) = W(\omega_k) \geq d$. Comme il existe un z tel que $W(\omega_z) = d$ on a aussi une paire (a, b) tel que $d(\omega_a, \omega_b) = d(\omega_a - \omega_b, 0) = W(\omega_z) = d$. On obtient donc $d = \min_{i,j}\{d(\omega_i, \omega_j)\}$.

2) Un code de Hamming corrige jusqu'à (e-1) erreurs et détecte (mais ne corrige pas nécessairement) jusqu'à e erreurs si est seulement si la distance minimale de Hamming est d = 2e. Il reste à démontrer que d = 2e est équivalent à demander que tout ensemble de 2e-1 colonnes de la matrice de parité H soit constitué de colonnes linéairement indépendantes.

Si w_i est un mot code, on a alors $Hw_i = 0$. Soit $w_j = w_k + z$ alors le nombre de 1 dans z (le poids $W(z)$) est égal à la distance d_{jk} entre w_j et w_k. On a alors $Hw_j = Hw_k$

+ Hz = 0 et $Hw_k = 0$ car c'est un mot code, on obtient donc Hz = 0. Ceci ne peut avoir lieu que s'ils existent d_{jk} colonnes de H linéairement dépendantes.

Mais la distance minimale de Hamming est $d = \min_{ij}\{d_{ij}\}$, c'est à dire: d est le plus petit nombre de colonnes de H linéairement dépendantes. Cela revient à demander que tout ensemble de d-1 colonnes de H soit linéairement indépendant. Donc d = 2e est équivalent à démontrer que tout ensemble de (2e − 1) colonnes de H soit linéairement indépendant.

3)

a) La taille de la matrice est donné par n = 6 et m = 4. n correspond à la taille des mots-code, le rang de H est ici égal a m = 4 correspond au nombre de bits de parité et k = n-m = 2 correspond au nombre de bit d'information. On définit le vecteur mot code x_i. La condition Hx = 0 permet d'écrire le système suivant:

$$\begin{cases} x_1 + x_5 + x_6 = 0 \\ x_1 + x_2 + x_6 = 0 \\ x_2 + x_3 + x_6 = 0 \\ x_1 + x_4 + x_6 = 0 \end{cases}$$

On trouve les solutions suivantes:

$$x = \begin{pmatrix} 1 \\ 0 \\ 1 \\ 0 \\ 0 \\ 1 \end{pmatrix}, \begin{pmatrix} 1 \\ 1 \\ 1 \\ 1 \\ 1 \\ 0 \end{pmatrix}, \begin{pmatrix} 0 \\ 1 \\ 0 \\ 1 \\ 1 \\ 1 \end{pmatrix}, \begin{pmatrix} 0 \\ 0 \\ 0 \\ 0 \\ 0 \\ 0 \end{pmatrix}$$

La distance minimale entre les mots code est de 3 donc on ne peut que corriger les erreurs simples.

b) Pour corriger 1 erreur et détecter 2 erreurs la distance minimale de Hamming doit être d = 4. Cela correspond à avoir tout ensemble de 3 colonnes de H linéairement indépendante. Donc une colonne ne peut être la somme de deux autres colonnes. En particulier, la colonne des $h_{i,6}$ ne peut être ni égale à une autre colonne de H ni à n'importe laquelle des somme de toutes les combinaisons possibles des 5 autres colonnes de H. Pour cela, on calcule toutes les combinaisons possibles de deux colonnes. Ce qui nous génère une liste de 5×(5 - 1)/2 = 10 colonnes.

On observe que de cette façon on génère les 16 choix possibles. La colonne $h_{i,6}$ ne peut pas être linéairement indépendante de deux autres colonnes. La distance de Hamming ne sera donc jamais égale à 4.

Exercice 3:

1) a) Les 3 premières colonnes de G_1 sont linéairement indépendantes et correspondent aux bits d'information k = 3 tandis que les deux dernières colonnes correspondent aux bits de parité m = 2. Il y a donc 2^k = 8 mots code. La matrice de Hamming a donc 2 lignes (nombre de bits de parité) et 5 colonnes (longueur des mots code) et contient au moins deux colonnes linéairement indépendantes. L'équation Hw = 0 valable pour tout mots-code permet de déterminer H. On peut essayer une solution de la forme:

$$\begin{pmatrix} h_{1,1} & h_{1,2} & h_{1,3} & 1 & 0 \\ h_{2,1} & h_{2,2} & h_{2,3} & 0 & 1 \end{pmatrix}$$

On trouve:

$$\begin{pmatrix} 1 & 1 & 1 & 1 & 0 \\ 0 & 1 & 1 & 0 & 1 \end{pmatrix}$$

b) Puisque, tous les mots code ont un nombre minimum de 1 supérieur ou égal à 2, la distance minimum entre les mots code est d = 2. Ce code permet de détecter les erreurs simples sans pouvoir les corriger.

2) a) Dans le cas G_2, n = 4 et k = 1. Le nombre de mots code est 2^k = 2. m = n - k = 3, ce qui correspond à 3 bits de parité. Donc, 3 colonnes de H peuvent s'écrire comme la matrice identité. On trouve:

$$\begin{pmatrix} 1 & 1 & 0 & 0 & 0 \\ 1 & 0 & 1 & 0 & 0 \\ 1 & 0 & 0 & 1 & 0 \\ 1 & 0 & 0 & 0 & 1 \end{pmatrix}$$

b) La distance de Hamming est d = 4. C'est le code à répétition qui corrige les erreurs simple et détecte les erreurs doubles. Mais on constate que le code ne possède que deux mots codes:

$$x = \begin{pmatrix} 0 \\ 0 \\ 0 \\ 0 \end{pmatrix}, \begin{pmatrix} 1 \\ 1 \\ 1 \\ 1 \end{pmatrix}$$

Remarque: Le taux de transmission s'écrit R = k/n. On observe que R_{G1} = 1/2, mais il ne permet de corriger aucun type d'erreur (seulement détecter les simples). Par contre R_{G2} = 1/5 mais permet de corriger les erreurs simples et détecter les doubles. Il y a un compromis entre le taux de transmission et la capacité à corriger des erreurs.

Exercice 4:

1) On fait des opérations sur les lignes de la matrice:

$$G = \begin{pmatrix} 1 & 2 & 0 & 1 \\ 1 & 0 & 1 & 2 \end{pmatrix} \qquad \ell_2 \leftarrow 2\ell_1 + \ell_2, \qquad G = \begin{pmatrix} 1 & 2 & 0 & 1 \\ 0 & 1 & 1 & 1 \end{pmatrix}$$

$$\ell_1 \leftarrow \ell_1 - 2\ell_2, \qquad G = \begin{pmatrix} 1 & 0 & 1 & 2 \\ 0 & 1 & 1 & 1 \end{pmatrix}$$

2) Le rang de la matrice G est 2, la longueur est 4, la dimension est k = 2, le cardinal est 3^2=9. Le code est systématique d'après la forme réduite de la matrice.

3) La matrice de contrôle H = $(-B^t|I_2)$, ce qui nous donne:

$$H = \begin{pmatrix} 1 & 1 & 1 & 0 \\ 2 & 1 & 0 & 1 \end{pmatrix}$$

4) Pour déterminer la distance, il faut regarder les colonnes de H, or les colonnes de H sont deux à deux indépendantes donc d est égal 3. La capacité de correction est $t = [(d-1)/2]=1$.

5) Posons $x = (1, 0, 2, 0)$. On calcule $Hx = (1, 1)$. Donc x n'appartient pas au noyau. Donc x n'est pas un élément du code. Pour pouvoir savoir par quel élément est corrigé x, on va écrire les éléments de poids 1 sur F_3^4. $e_1 = (1, 0, 0, 0)$, $e_2 = (2, 0, 0, 0)$, $e_3 = (0, 1, 0, 0)$, $e_4 = (0, 2, 0, 0)$, $e_5 = (0, 0, 1, 0)$, $e_6 = (0, 0, 2, 0)$, $e_7 = (0, 0, 0, 1)$, $e_8 = (0, 0, 0, 2)$. On calcule H de e_i. On a $He_1 = (0, 0)$, $He_2 = (2, 1)$, $He_3 = (1, 2)$, $He_4 = (2, 2)$, $He_5 = (1, 1)$, $He_6 = (1, 0)$, $He_7 = (2, 0)$, $He_8 = (0, 1)$, $He_9 = (0, 2)$. On voit que $Hx = (1, 1) = He_5$, le mot le plus proche de x au sens de la distance de Hamming est e_5.

Exercice 5:

$$G = \begin{pmatrix} 1 & 0 & 1 \\ 0 & 1 & 1 \end{pmatrix} \quad \Rightarrow \text{ soit } G = \begin{pmatrix} 1 & 1 & 0 \\ 1 & 0 & 1 \end{pmatrix}$$

1) Sachant que G est de dimension $(k \times n) = (2 \times 3)$:

- $n = 3$ est la taille des mots-code.
- $k = 2^3$ est la taille des mots à coder.

2) $C_m = X_m G = (m_0 m_1)$

$$C_m = X_m G = (m_0 m_1)\begin{pmatrix} 1 & 1 & 0 \\ 1 & 0 & 1 \end{pmatrix} = (b_0 m_0 m_1) \Rightarrow \begin{cases} b_0 = m_0 + m_1 \\ m_0 = m_0 \\ m_1 = m_1 \end{cases}$$

Le bit de contrôle permet de détecter la parité du message avec:

$$\begin{cases} b_0 = 1 \ si \ m_0 + m_1 = 1 \ (nombre \ de \ 1 \ est \ impaire) \\ b_0 = 0 \ si \ m_0 + m_1 = 0 \ (nombre \ de \ 1 \ est \ paire) \end{cases}$$

D'où le nom "code de parité".

- Ce code peut détecter une seule erreur. En effet, s'il y a inversion de deux bits ce code ne peut pas s'apercevoir ($E_d = 1$).

- Ce code ne peut corriger aucune erreur. En effet, s'il ya inversion d'un seul bit sur m_0 ou m_1, il va donner la même valeur pour b_0. Donc ce code ne peut pas localiser la position du bit d'erreur ($E_{co} = 1$).

3) Les mots-code sont donnés par:

$$b_0 = m_0 + m_1 \Rightarrow \begin{cases} \text{si } b_0 = 0 \text{ } on \text{ } a \text{ } m_0 m_1 = 00 \text{ } ou \text{ } 11 \\ \text{si } b_0 = 1 \text{ } on \text{ } a \text{ } m_0 m_1 = 01 \text{ } ou \text{ } 10 \end{cases}$$

Les mots-code sont: $(000, 011, 101, 110)$.

4) $(d_{min} = \omega_{min})/(c_m = "0" \text{ } exclus) \Rightarrow d_{min} = 2$; $e_D = d_{min} - 1 = 1$ et $e_c = E[\dfrac{d_{min} - 1}{2}] = 0$.

On retrouve ainsi les résultats de la question (2).

Exercice 6:

H^T de dimension (n, n-k).

1) $S_m = eH^T = (0.....010.....0)_n \begin{pmatrix} ....\\ .... \\ h_{i_1} \quad h_{i_2} ....h_{i_{(n-k)}} \\ .... \\ .... \end{pmatrix} ligne(i) = (h_{i_1} \quad h_{i_2} ....h_{i_{(n-k)}})$

Donc $S = i^{ème}$ ligne de H^T.

2) $\begin{cases} c_4 = b_0 \\ c_5 = b_1 \\ c_6 = b_2 \end{cases}$

k = 3; n = 6 => 3 bits de contrôle.

$$\begin{cases} b_0 = m_1 + m_3 \\ b_1 = m_1 + m_2 + m_3 \\ b_2 = m_1 + m_2 \end{cases}$$

$$G = \begin{pmatrix} 1 & 1 & 1 & 1 & 0 & 0 \\ 0 & 1 & 1 & 0 & 1 & 0 \\ 1 & 1 & 0 & 0 & 0 & 1 \end{pmatrix} \Rightarrow H^T = [I_3 \; P^T] \Rightarrow H = \begin{pmatrix} 1 & 0 & 0 & 1 & 0 & 1 \\ 0 & 1 & 0 & 1 & 1 & 1 \\ 0 & 0 & 1 & 1 & 1 & 0 \end{pmatrix}$$

3) r = 111010

$$\Rightarrow S_m = rH^T = (111010)\begin{pmatrix} 1 & 0 & 0 \\ 0 & 1 & 0 \\ 0 & 0 & 1 \\ 1 & 1 & 1 \\ 0 & 1 & 1 \\ 1 & 1 & 0 \end{pmatrix} = (1 \quad 0 \quad 0).$$

Donc le bit erroné est le premier bit. Un seul bit qui change:

$$zH^T = (z_0 z_1 z_2 z_3 z_4 z_5)(H^T) = ((z_0 + z_3 + z_5), (z_1 + z_3 + z_4 + z_5), (z_2 + z_3 + z_4))$$
$$= \qquad\quad 1 \qquad\qquad\quad 0 \qquad\qquad\qquad 0$$

$$\begin{cases} z_0 & 1 \\ z_1 & 0 \\ z_2 & 0 \\ z_3 & 0 \\ z_4 & 0 \\ z_5 & 0 \end{cases} \Rightarrow z = (100000); \quad r = (111010) \Rightarrow c_m = r + z = 011010$$

4) <u>Mots-code:</u>

$m_1 m_2 m_3$	$b_0 b_1 b_2$
000	000
001	110
010	011
011	101

100	111
101	001
110	100
111	010

$d_{min} = 3 \Rightarrow e_D = 2$ et $e_C = 1$.

5) $y_m = 111111$.

$$y_m H^T = (111111)\begin{pmatrix} 1 & 0 & 0 \\ 0 & 1 & 0 \\ 0 & 0 & 1 \\ 1 & 1 & 1 \\ 0 & 1 & 1 \\ 1 & 1 & 0 \end{pmatrix} = (1 \quad 0 \quad 1)$$

<u>Séquence z:</u>

$$\begin{pmatrix} z_0 & 1 & 0 & 0 \\ z_1 & 0 & 0 & 0 \\ z_2 & 0 & 0 & 1 \\ z_3 & 0 & 0 & 1 \\ z_4 & 0 & 1 & 1 \\ z_5 & 0 & 1 & 0 \end{pmatrix} \Rightarrow z^1 = (101000); \quad y_m = (111111) \Rightarrow c_m = y_m + z^1 = 010111$$

Ou $z^2 = (000011)$; $y_m = (111111) \Rightarrow c_m = y_m + z^2 = 111100$. Donc deux mots-code possibles.

Exercice 7:

Le code est $C(6, 3) \Rightarrow k = 3$, $n = 6$ et $n - k = 3$ bits de contrôle.

1)

$$G = \begin{bmatrix} 1 & 1 & 1 & 0 & 1 & 0 \\ 0 & 1 & 1 & 1 & 0 & 1 \\ 1 & 0 & 1 & 0 & 0 & 1 \end{bmatrix}$$

Sachant que toutes combinaisons des mots-code et un mot code, on peut ramener G sous forme systématique.

ligne$_1$ <= ligne$_1$ + ligne$_2$

ligne$_2$ <= ligne$_1$ + ligne$_2$

ligne$_1$ <= ligne$_2$ + ligne$_1$

ligne$_1$ <= ligne$_1$ + ligne$_3$

Si on effectue les combinaisons ci-dessus on obtient:

$$G = \begin{pmatrix} 1 & 0 & 0 & 1 & 1 & 1 \\ 0 & 1 & 1 & 1 & 0 & 1 \\ 1 & 0 & 1 & 0 & 0 & 1 \end{pmatrix} \Rightarrow \begin{pmatrix} 1 & 0 & 0 & 1 & 1 & 1 \\ 1 & 1 & 1 & 0 & 1 & 0 \\ 1 & 0 & 1 & 0 & 0 & 1 \end{pmatrix} \Rightarrow \begin{pmatrix} 0 & 1 & 1 & 1 & 0 & 1 \\ 1 & 1 & 1 & 0 & 1 & 0 \\ 1 & 0 & 1 & 0 & 0 & 1 \end{pmatrix} \Rightarrow \left(\begin{array}{ccc|ccc} 1 & 1 & 0 & 1 & 0 & 0 \\ 1 & 1 & 1 & 0 & 1 & 0 \\ 1 & 0 & 1 & 0 & 0 & 1 \\ \underbrace{}_{P} & & & \underbrace{}_{I_3} & & \end{array} \right)$$

$$\Rightarrow G = \begin{pmatrix} 1 & 1 & 0 & 1 & 0 & 0 \\ 1 & 1 & 1 & 0 & 1 & 0 \\ 1 & 0 & 1 & 0 & 0 & 1 \end{pmatrix}$$

2) Le mot code $C_m = b_0b_1b_2m_0m_1m_2$ est tel que

$$\begin{cases} b_0 = m_0 + m_1 + m_2 \\ b_1 = m_0 + m_1 \\ b_2 = m_1 + m_2 \end{cases} \qquad k = 3 \Rightarrow 2^3 = 8.$$

$m_0m_2m_3$	$b_0b_1b_2\ m_0m_2m_3$
000	000 000
001	101 001
010	011 010
011	101 011
100	111 100
101	001 101
110	100 110
111	010 111

$d_{min} = 3 \Rightarrow e_D = 3 - 1 = 2$ et $e_C = E(2/2) = 1$.

4) $H = [I_{n-k} \; P^T] = \begin{pmatrix} 1 & 0 & 0 & 1 & 1 & 1 \\ 0 & 1 & 0 & 1 & 1 & 0 \\ 0 & 0 & 1 & 0 & 1 & 1 \end{pmatrix}$, $C(5, 2) \Rightarrow n - k = 3$ bits de contrôle.

Exercice 8:

Le code est systématique:

éléments binaires d'information	mots code
00	00000
01	01101
10	10111
11	11010

$\begin{cases} b_0 = m_0 + m_1 \\ b_1 = m_0 \\ b_2 = m_0 + m_1 \end{cases} \Rightarrow G = \begin{pmatrix} 1 & 1 & 1 & 1 & 0 \\ 1 & 0 & 1 & 0 & 1 \end{pmatrix}$ $H = [I_3 \; P^T] = \begin{pmatrix} 1 & 0 & 0 & 1 & 1 \\ 0 & 1 & 0 & 1 & 0 \\ 0 & 0 & 1 & 1 & 1 \end{pmatrix}$

où P désigne les 3 premières colonnes et I_2 les 2 dernières de G.

2) $C_m H^T = X_m G H^T = 0$

$\Rightarrow y_m H = E_m H^T = S_m$; $n - k = 3$ bits.

Table de décodage:

S_m	z
000	000 00
001	001 00
010	010 00
011	011 00
100	100 00
101	000 01
110	000 11
111	000 10

$$H^T = \begin{pmatrix} 1 & 0 & 0 \\ 0 & 1 & 0 \\ 0 & 0 & 1 \\ 1 & 1 & 1 \\ 1 & 0 & 1 \end{pmatrix}$$

- $z = "0" \Rightarrow zH^T = S_m = 000$

$e_D = 2;\ e_C = 1$

Ce code peut coder 5 erreurs simples. $2^3 - 1 = 7$ erreurs (double, triple, etc.).

Pour les erreurs simples on a:

- $z = 00001 \Rightarrow zH^T = (00001)\begin{pmatrix} 1 & 0 & 0 \\ 0 & 1 & 0 \\ 0 & 0 & 1 \\ 1 & 1 & 1 \\ 1 & 0 & 1 \end{pmatrix} = 101 = S_m$

- $z = 00010 \Rightarrow S_m = 111$

- $z = 00100 \Rightarrow S_m = 001$

- $z = 01000 \Rightarrow S_m = 010$

- $z = 10000 \Rightarrow S_m = 100$

Pour les erreurs doubles on a comme exemple:

$S_m = 011;\ z = z_0 z_1 z_2 z_3 z_4$

$$
\begin{aligned}
zH^T &= (z_0 + z_3 + z_4),\ (z_1 + z_3),\ (z_2 + z_3 + z_4) \\
&= \quad\quad 0 \quad\quad\quad\quad 1 \quad\quad\quad\quad 1 \\
&= \quad\quad 1 \quad\quad\quad\quad 1 \quad\quad\quad\quad 0
\end{aligned}
$$

$$\begin{pmatrix} z_0 & 0 & 0 \\ z_1 & 1 & 0 \\ z_2 & 1 & 0 \\ z_3 & 0 & 1 \\ z_4 & 0 & 1 \end{pmatrix} \Rightarrow z^1 = (01100);\ z^2 = (00011)$$

Exercice 9:

Code Hamming(7, 4)

$A = k_1k_2m_1k_3m_2m_3m_4$

$$AH^T = 0 \text{ avec } H = \begin{pmatrix} 1 & 0 & 1 & 0 & 1 & 0 & 1 \\ 0 & 1 & 1 & 0 & 0 & 1 & 1 \\ 0 & 0 & 0 & 1 & 1 & 1 & 1 \end{pmatrix} \quad \begin{cases} k_1 = m_1 + m_2 + m_4 = 0 \\ k_2 = m_1 + m_3 + m_4 = 0 \\ k_3 = m_2 + m_3 + m_4 = 0 \end{cases}$$

$m_1m_2m_3$	$k_1k_2k_3$	$k_1k_2m_1k_3m_2m_3m_4$
0000	000	0000000
0001	111	1101001
0010	011	0101010
0011	100	1000011
0100	101	1001100
0101	010	0100101
0110	110	1100110
0111	001	0001111
1000	110	1110000
1001	001	0011001
1010	101	1011010
1011	010	0110011
1100	001	0011100
1101	110	1110101
1110	000	0010110
1111	111	1111111

$d_{min} = 3 \Rightarrow e_D = 2;\ e_C = 1.$

2) $n = 7$ erreurs simples. Le syndrome $S = s_3s_2s_1$ est sur 3 bits.

$2^3 = 8$ syndrômes possibles dont 7 corresponds à des erreurs simples.

Les $2^{n-k} - (n+1) = 2^3 - (7+1) = 8 - 8 = 0$ erreurs doubles, triples, …ne sont pas corrigeables parfaitement.

3) d_{min} est impair => C(7, 4) est parfait.

4) $m_1m_2m_3m_4 = 1110$ => A = 0010110

$$CH^T = (0011101)\begin{pmatrix} 1 & 0 & 0 \\ 0 & 1 & 0 \\ 1 & 1 & 0 \\ 0 & 0 & 1 \\ 1 & 0 & 1 \\ 0 & 1 & 1 \\ 1 & 1 & 1 \end{pmatrix} \Rightarrow \begin{cases} s_1 = 1 \\ s_2 = 0 \\ s_3 = 1 \end{cases}$$

S = 101 = 5. Donc le bit 5 est erroné => A = 0011001

Exercice 10:

1) La modification (extension) permet d'augmenter d_{min} et par suite les erreurs détectables et corrigeables.

2) $H = (I_{n\text{-}k}\ P^T) = (I_4\ P^T)$

$$\text{ligne}_3 \Leftarrow \text{ligne}_3 + \text{ligne}_4 \qquad \text{ligne}_4 \Leftarrow \text{ligne}_1 + \text{ligne}_4 \qquad \text{ligne}_4 \Leftarrow \text{ligne}_2 + \text{ligne}_4$$

$$\begin{pmatrix} 1 & 0 & 1 & 1 & 1 & 0 & 0 & 0 \\ 0 & 1 & 1 & 1 & 0 & 1 & 0 & 0 \\ 0 & 0 & 1 & 0 & 1 & 1 & 0 & 1 \\ 1 & 1 & 1 & 1 & 1 & 1 & 1 & 1 \end{pmatrix} \Rightarrow \begin{pmatrix} 1 & 0 & 1 & 1 & 1 & 0 & 0 & 0 \\ 0 & 1 & 1 & 1 & 0 & 1 & 0 & 0 \\ 0 & 0 & 1 & 0 & 1 & 1 & 0 & 1 \\ 0 & 1 & 0 & 0 & 0 & 1 & 1 & 1 \end{pmatrix} \Rightarrow \begin{pmatrix} 1 & 0 & 1 & 1 & 1 & 0 & 0 & 0 \\ 0 & 1 & 1 & 1 & 0 & 1 & 0 & 0 \\ 0 & 0 & 1 & 0 & 1 & 1 & 0 & 1 \\ 0 & 0 & 1 & 1 & 0 & 0 & 1 & 1 \end{pmatrix}$$

$$\text{ligne}_2 \Leftarrow \text{ligne}_2 + \text{ligne}_3 \qquad \text{ligne}_4 \Leftarrow \text{ligne}_3 + \text{ligne}_4 \qquad \text{ligne}_2 \Leftarrow \text{ligne}_2 + \text{ligne}_4$$

$$\Rightarrow \begin{pmatrix} 1 & 0 & 0 & 0 & 1 & 1 & 0 & 0 \\ 0 & 1 & 0 & 1 & 1 & 0 & 0 & 1 \\ 0 & 0 & 1 & 0 & 1 & 1 & 0 & 1 \\ 0 & 0 & 1 & 1 & 0 & 0 & 1 & 1 \end{pmatrix} \Rightarrow \begin{pmatrix} 1 & 0 & 0 & 0 & 1 & 1 & 0 & 0 \\ 0 & 1 & 0 & 1 & 1 & 0 & 0 & 1 \\ 0 & 0 & 1 & 0 & 1 & 1 & 0 & 1 \\ 0 & 0 & 0 & 1 & 1 & 1 & 1 & 0 \end{pmatrix} \Rightarrow \begin{pmatrix} 1 & 0 & 0 & 0 & 1 & 1 & 0 & 0 \\ 0 & 1 & 0 & 0 & 0 & 1 & 1 & 1 \\ 0 & 0 & 1 & 0 & 1 & 1 & 0 & 1 \\ 0 & 0 & 0 & 1 & 1 & 1 & 1 & 0 \end{pmatrix}$$

3) A partir de la relation $GH^T = 0$, on déduit que:

$$G = (P_{n-k}\ I_k) = \begin{pmatrix} 1 & 0 & 1 & 1 & 1 & 0 & 0 & 0 \\ 1 & 1 & 1 & 1 & 0 & 1 & 0 & 0 \\ 0 & 1 & 0 & 1 & 0 & 0 & 1 & 0 \\ 0 & 1 & 1 & 0 & 0 & 0 & 0 & 1 \end{pmatrix}$$

$$\underbrace{}_{n-k}\ \underbrace{}_{k}$$

Sachant que n-k = 4 et k = 4 (à partir de la matrice), le code est un code $C(n, k) = C(8, 4)$.

4)

- Ce code détecte $2^{(n-k)} - 1 = 15$ erreurs.
- Ce code détecte $2^{(n-k)}-1-n = 7$ erreurs autres que des erreurs simples (inversion d'un seul bit), erreurs doubles, triples, etc.
- Sachant que $15 - 7 = 8$, ce code corrige toutes les erreurs simples.

Chapitre 6: Codage canal: Codes cycliques

1. Introduction

Un code cyclique est un code linéaire fermé par rapport aux permutations circulaires (toute permutation circulaire de tout mot de code est un mot de code). Ils sont appelés aussi CRC (*Cyclic Redundancy Check*). Ces codes constituent un sous-groupe des codes linéaires qui a pris une très grande importance dans les applications du fait de la simplicité d'implantation des algorithmes de codage et de décodage. Ils sont bien adaptés à la détection des erreurs groupées.

2. Définition et propriétés des codes cycliques

2.1. Propriétés fondamentales

Les codes cycliques sont des codes linéaires et héritent donc toutes leurs propriétés.

- La somme de deux mots de code est un mot de code: $\alpha_i C_i + \alpha_j C_j = C_k \quad \forall \alpha_i, \alpha_j$.
- Toute permutation circulaire des bits d'un mot de code est aussi un mot de code:

  $[c_0 \ c_1 \ c_2 .... c_{p-1}. \ c_p \ c_{p+1} ..... c_{n-2} \ c_{n-1}]$ est un mot de code => $[c_p \ c_{p+1} ..... c_{n-p} \ c_0 \ c_1 ..... c_{p-1}]$ est aussi un mot de code $\forall p$.

2.2. Polynôme générateur

Les polynômes associés aux mots-code sont tous des multiples d'un polynôme générateur noté $g(x)$; réciproquement, tout polynôme (de degré inférieur à n) multiple de $g(x)$ correspond à un mot de code. En utilisant un opérateur X:

opérateur décalage (ou opérateur de position), un mot de code C_m se voit associer un polynôme $C_m(X)$ tel que:

- $C_m(X) = c_{n-1}X^{n-1} + c_{n-2}X^{n-2} + c_{n-3}X^{n-3} +.....c_kX^{n-k} +..... c_1X^1 + c_0$

- $XC_m(X) = c_{n-1}X^n + c_{n-2}X^{n-1} + c_{n-3}X^{n-2} +.....c_kX^{n-p+1} + ... c_1X^2 + c_0X$

En rappelant que, en binaire, $c_k + c_k = 0 \quad \forall \ k$

- $\Rightarrow XC_m(X) = c_{n-1}X^n + c_{n-2}X^{n-1} + c_{n-3}X^{n-2} +..... c_kX^{n-p+1} +.....c_1X^2 + c_0X + c_{n-1} + c_{n-1}$

$$= c_{n-1}X^n + c_{n-1} + c_{n-2}X^{n-1} + c_{n-3}X^{n-2} +.....c_kX^{n-p+1} +.....c_1X^2 + c_0X + c_{n-1}$$

$$= c_{n-1}(X^n + 1) + C_{m1}(X)$$

où $C_{m1}(X)$ est un mot de code obtenu par décalage des bits de $C_m(X)$ de 1 position. En itérant le procédé nous montrons que: $X_2C_m(X) = (Xc_{n-1} + c_{n-2})(X^n + 1) + C_{m2}(X)$, $C_{m2}(X)$ correspondant à un décalage de deux positions.

- $X_pC_m(X) = (X^{p-1}c_{n-1} + X^{p-2}c_{n-2} +.....+ c_{n-p})(X^n + 1) + C_{mp}(X) = Q_{p-1}(X)(X^n + 1) +C_{mp}(X)$

$C_{mp}(X)$ correspondant à un décalage de p positions et $Q_{p-1}(X)$ est un polynôme de degré p-1.

$C_{mp}(X)$ est ainsi le reste de la division de $X^pC_m(X)$ par (X^{n+1}). Cette remarque très importante nous donne le théorème suivant:

- $X^pC_m(X)\mathrm{mod}\ (X^{n+1}) = C_{mp}(X)$.

 Un cas particulier de ce théorème:

- $X^nC_m(X) \ \mathrm{mod}\ (X^n + 1) = C_m(X) \ \Rightarrow X^n = 1 \ \Rightarrow X^{\alpha n+p} = X^p \ (\alpha \in Z)$.

Le message est constitué de k bits, nous pouvons lui associer un polynôme $m(X)$ de degré (k-1). Au mot de code correspondant il est associé un polynôme de degré (n −1): $C_m(X)$. Nous recherchons des codes tels que: $C_m(X) = A_m(X)g(X)$, $A_m(X)$ est un polynôme de degré (k-1) lié à $m(X)$ par une relation que nous ne recherchons pas et g(X) est un polynôme de degré (n-k) qui lui, est caractéristique du codage et par là même indépendant du message.

- Le polynôme générateur de code est un polynôme de degré (n-k) qui factorise tous les mots de codes d'un même code: $g(X) = X^{n-k} + g_{n-k-1} X^{n-k-1} + g_{n-k-2} X^{n-k-2} + \ldots\ldots g_1 X + 1$

- Dans ce polynôme $g_{n-k} = 1$ et $g_0 = 1$ conditions nécessaires pour que $g(X)$ soit un polynôme de degré (n-k). La condition ($g_{n-k} \neq 0$) est une condition évidente. Pour g_0, nous aurions $g(X) = Xh(X)$ et $h(X)$ serait un polynôme générateur de degré $(n - k - 1)$ ce qui est impossible => $g_0 = 1$).

- Le polynôme générateur est unique. Cette unicité est montrée par l'absurde. Supposons l'existence d'un autre polynôme générateur $g^{(1)}(D)$:

$$\left. \begin{array}{l} C_m(X) = A_m(X)g(X) \\ C_m^{(1)}(X) = A_m(X)g^{(1)}(X) \end{array} \right\} \Rightarrow C_m(X) + C_m^{(1)}(X) = A_m(X)(g(X) + g^{(1)}(X))$$

D'après la propriété de linéarité: $C_m(X) + C_m^{(1)}(X)$ serait aussi un mot de code et donc $g(X) + g(1)(X)$ serait aussi un polynôme générateur $g^{(2)}(X)$.

$$g^{(2)}(X) = (X^{n-k} + g_{n-k-1} X^{n-k-1} + \ldots\ldots + g_1 X + 1) + (X^{n-k} + g_{n-k-1})^{(1)} X^{n-k-1} + \ldots\ldots + g_1^{(1)} X + 1$$
$$= (X^{n-k} + X^{n-k}) + (g^{n-k-1} + g^{n-k-1})^{(1)} X^{n-k-1} + \ldots\ldots + (g_1 + g_1)^{(1)} X + (1 + 1).$$
$$= (g_{n-k-1} + g_{n-k-1})^{(1)} X^{n-k-1} + \ldots\ldots + (g_1 + g_1)^{(1)} X$$

=> $g^{(2)}(X)$ serait un polynôme générateur de degré $(n - k - 2)$ qui ne peut générer un mot de code de degré n => $g(X)$ est unique.

3. Codage et décodage d'un code cyclique

3.1. Codage

Le mot de code a la forme:

$$C_m = [b_0\ b_1\ldots..b_{n-k-1}\ m_0\ m_1\ldots..m_{k-1}]$$

Le polynôme associé est:

$$C_m(X) = b_0 + b_1 X \ldots.. + b_{n-k-1} X^{(n-k-1)} + m_0 X^{(n-k)} + m_1 X^{(n-k+1)} + \ldots.. + m_{k-1} X^{(n-1)}$$

Soit en posant:

$$b(X) = b_0 + b_1X\ldots.+ b_{n-k-1}X^{(n-k-1)} \text{ et } m(X) = m_0 + m_1X^1 +\ldots.+ m_{k-1}X^{(k-1)}$$

$$C_m(X) = b(X) + X^{(n-k)}m(X) = A_m(X)g(X)$$

En se rappelant que, en binaire, $b(X) + b(X) = 0$ nous obtenons la relation fondamentale du codage: $X^{(n-k)}m(X) = A_m(X)g(X) + b(X)$

=> $b(X)$ est le reste de la division de $X^{(n-k)}m(X)$ par le polynôme générateur $g(X)$.

Le calcul du mot de code est donc de la forme:

1. multiplier $m(X)$ par X^{n-k} (décaler vers la gauche de $(n-k)$ bits).

2. diviser par $g(X)$ => reste $b(X)$

3. ajouter $b(X)$ à $X^{n-k}m(X)$

Cette démarche est illustrée par le schéma de principe donné par la figure 6.1.

Remarque: le polynôme $A_m(X)$ n'est pas utile pour exprimer C_m.

Exemple: un code $(7, 4) = (n, k)$

$g(X) = 1+ X + X^3$ (son obtention sera vue plus loin) et $X^{n-k} = X^3$

message $= [1011]$ => $m(X) = 1 + X^2 + X^3$ => $X^{n-k}m(X) = X^3 + X^5 + X^6$

Le calcule peut être effectué de deux façons comme suit:

```
                              1101000
                              - 1011
                              ─────────
                              0110000
                              101100
                              ─────────
                              011100
                              10110
                              ─────────
                              01010
                              1011
                              ─────────
                              0001    => Cm = [1001011]
```

$$
\begin{array}{l|l}
X^6 + X^5 + X^3 & X^3 + X + 1 \;=\; g(X) \\
\cline{2-2}
X^5 + X^4 & X^3 + X^2 + X +1 = A_m(X) \\
X^4 + X^3 + X^2 & \\
X^3 + X & \\
1 = b(X) &
\end{array}
$$

$C_m(X) = b(X) + X^{(n-k)}m(X) = 1 + X^3 + X^5 + X^6$ => $C_m = [1001011]$

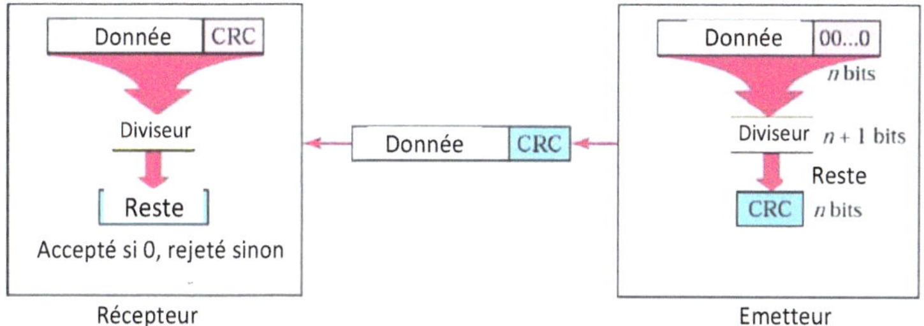

Figure 6.1: Schéma de principe pour le calcul de mot code

Le schéma de décodage d'un code(7, 4) peut être décrit par la figure suivant:

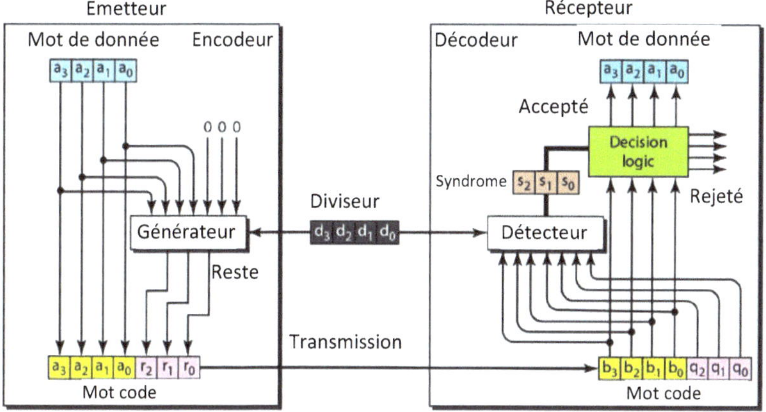

Figure 6.2: Schéma de décodage d'un code(7, 4)

Tous les autres mots codes possible sont donnés par le tableau suivant:

Table 6.1: Mots codes possible du code(7, 4)

mot de donnée	mot de code	mot de donnée	mot de code
0000	0000000	1000	1000101
0001	0001011	1001	1001110
0010	0010110	1010	1010011
0011	0011101	1011	1011000
0100	0100111	1100	1100010
0101	0101100	1101	1101001
0110	0110001	1110	1110100
0111	0111010	1111	1111111

Un autre exemple qui illustre la génération du mot code en générant le reste de la division à partir du polynôme générateur de degré 3 se présente par les deux méthodes suivantes:

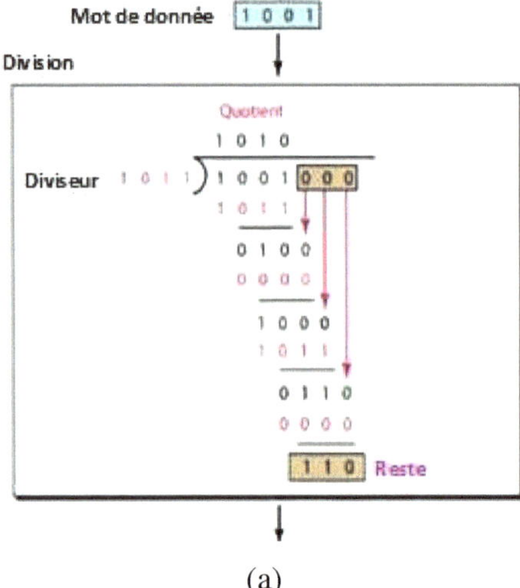

(a)

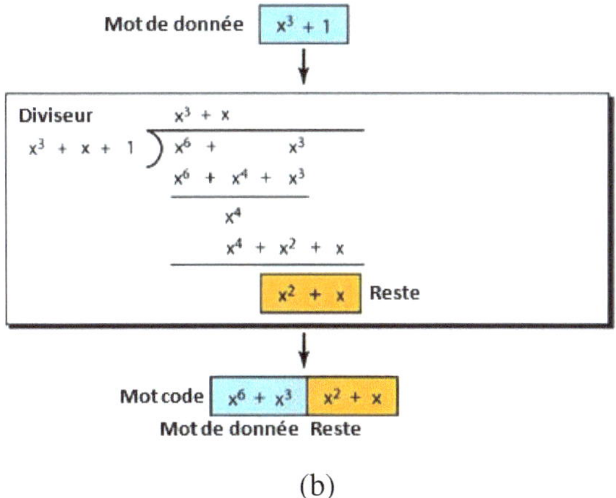

Figure 6.3: Techniques de génération des mots-code

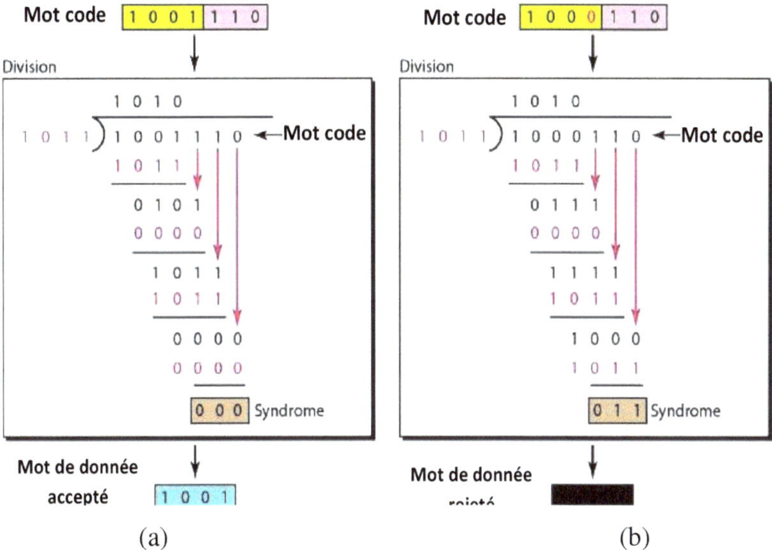

Figure 6.4: Cas de message correct (a) et cas de message erroné (b)

Ainsi avec cette technique on peut vérifier si le message transmis est entaché d'erreur ou pas. En effet, si le reste de la division euclidienne du message par le polynôme générateur est différent de 0, le message reçu est erroné. L'exemple ci-dessous montre un message correct (à gauche) et un message erroné par inversion d'un bit (à droite).

3.2. Contrôle de parité

Par équivalence avec le cas général, nous définissons un polynôme orthogonal à $g(X)$ appelé polynôme de contrôle de parité soit:

$$g(X)h(X)\mod(X^n + 1) = 0$$

Parmi tous les polynômes $h(X)$ possibles, nous choisissons celui de degré minimal d'où:

$$g(X)h(X) = X^n+1 => h(X) = (X^n + 1)/g(X)$$

Avec comme conséquence: $\deg[g(X)] = n-k => \deg[h(X)] = k$

Pour tout mot de code : $C_m(X)h(X) = A_m(X)g(X)h(X) = 0$

$$C_m(X)h(X)\mod(X^n + 1) = 0$$

La relation d'orthogonalité nous permet d'avoir une méthode de choix des polynômes $g(D)$ et $h(D)$:

1. **Factorisation:** Soit un code (n, k), nous pouvons factoriser au "maximum" $X^n + 1$: décomposition en polynômes dits polynômes primitifs. $X^n + 1 = P_1(X)P_2(X)\ldots\ldots$

2. **Choix de $g(D)$:** A partir de certains de ces polynômes primitifs, nous formons un polynôme de degré $(n-k)$ qui devient $g(X)$.

3. **Choix de $h(D)$:** $h(D)$ est constitué par le produit des polynômes primitifs non utilisés dans $g(X)$, c'est le complémentaire de $g(X)$.

Remarque: la solution n'a aucune raison d'être unique mais deux polynômes générateurs différents ne génèrent pas le même code.

Exemple: pour un code$(7, 4)$.

$X^7 + 1 = (X + 1)(X^3 + X^2 + 1)(X^3 + X + 1)$

Nous avons ici deux possibilités de choix de $g(X)$ et donc de $h(X)$:

1. $g(X) = (X^3 + X^2 + 1) => h(X) = (X + 1)(X^3 + X + 1) = (X^4 + X^3 + X^2 + 1)$

2. $g(X) = (X^3 + X + 1) => h(X) = (X + 1)(X^3 + X^2 + 1) = (X^4 + X^2 + X + 1)$.

En cas d'erreur de transmission, nous recevons un mot de code Y_m qui ne correspond à aucun message: $Y_m(X) = Cm(X) + Em(X)$ où $Em(X)$ est le polynôme de l'erreur.

$$Y_m(X)h(X)\bmod(X^n + 1) = Em(X)h(X)\bmod(X^n + 1) = S_m(X)$$

Ce qui définit un polynôme du syndrôme de l'erreur. Une table des erreurs permet de remonter au polynôme d'erreur de transmission et la correction des erreurs se fait toujours au sens du maximum de vraisemblance : $C_m{}^*(X) = Y_m(X) + E_m{}^*(X)$.

Exemple: En poursuivant avec l'exemple déjà utilisé pour illustrer $g(X)$.

$g(X) = 1 + X + X^3$

$h(X) = 1 + X + X^2 + X^4$

message $= [1011\ ] => m(X) = 1 + X^2 + X^3 => C_m(X) = 1 + X^3 + X^5 + X^6 => Cm = [1001011]$

Vérification: $C_m(X)h(X)$:

$$(1 + X^3 + X^5 + X^6)(1 + X + X^2 + X^4) = 1 + X^3 + X^5 + X^6 + X + X^4 + X^6 + X^7 + X^2 +$$
$$X^5 + X^7 + X^8 + X^4 + X^7 + X^9 + X^{10} = 0$$

En utilisant en binaire:

$$X^i + X^i = 0$$
$$X^{n+k} + X^k = X^k(X^n + 1\ ) => X^{n+k} + X^k = 0\ \bmod(X^n + 1)$$

Supposons une erreur de transmission:

$E_m = [0001000\ ] => Y_m = [1000011\ ] => Y_m(X) = 1 + X^5 + X^6$

$Y_m(X)h(X) = (1 + X^5 + X^6)(1 + X + X^2 + X^4) = 1 + X + X^2 + X^4 + X^5 + X^6 + X^7 +$

$X^9 + X^6 + X^7 + X^8 + X^{10} = 1 + X^3 + X^4 + X^5 = Em(X)h(X) = S_m(X)$

Table 6.2: Table de décodage

Sm	Em	Sm
$X^6h(x)$	0000001	X^6 ⏐ X^7 ⏐ X^8 ⏐ X^{10} $=1+X+X^3+X^6$
$X^5h(x)$	0000010	$X^5+X^6+X^6+X^9$
$X^4h(x)$	0000100	$X^4+X^4+X^6+X^8$
$X^3h(x)$	0001000	$X^3+X^3+X^{65}+X^7$
$X^2h(x)$	0010000	$X^2+X^3+X^4+X^6$
$Xh(x)$	0100000	$X+X^2+X^3+X^5$
$h(x)$	1000000	$1+X+X^2+X^4$

4. Représentation matricielle des codes cycliques

Un code cyclique ayant comme polynôme générateur un polynôme primitif est un code de Hamming de distance minimale égale à trois. Ceci permet d'effectuer une étude matricielle des codes cycliques.

4.1. Calcul de la matrice G à partir du polynôme g(X)

Un mot de code de bloc est généré par: $C_m = X_mG$. Les lignes de la matrice G sont des mots de codes particuliers (pour un code(7, 4), la première ligne correspond à X_m = [1000] et ainsi de suite). En se basant sur la notation polynomiale, $g(X)$ est un mot de code. Il en est de même pour $Xg(X)$, $X^2g(X)$,……

Nous pouvons ainsi générer une matrice G^* dont les lignes sont des mots-code:

$$G^* = \begin{bmatrix} \leftarrow & g(X) & \rightarrow \\ \leftarrow & X.g(X) & \rightarrow \\ & X^2.g(X) & \\ \leftarrow & X^3.g(X) & \rightarrow \\ \leftarrow & & \rightarrow \\ & \cdot \quad \cdot \quad \cdot & \\ & \cdot \quad \cdot \quad \cdot & \end{bmatrix} = \begin{bmatrix} g_0 \; g_1 \cdots g_{n-k} \; 0 \ldots 0 \\ 0 \; g_0 \; g_1 \cdots g_{n-k} \ldots 0 \\ \ldots\ldots\ldots\ldots\ldots \\ \ldots\ldots\ldots\ldots\ldots \\ 0 \ldots 0 \; g_0 \; g_1 \cdots g_{n-k} \end{bmatrix}$$

Pour l'exemple $g(X) = 1+X+X^3$

$$G^* = \begin{bmatrix} 1 & 1 & 0 & 1 & 0 & 0 & 0 \\ 0 & 1 & 1 & 0 & 1 & 0 & 0 \\ 0 & 0 & 1 & 1 & 0 & 1 & 0 \\ 0 & 0 & 0 & 1 & 1 & 0 & 1 \end{bmatrix}$$

La matrice ainsi constituée n'est pas celle d'un code systématique puisqu'il n'apparaît pas la matrice identité I_k.

Pour faire apparaître cette propriété, comme toute superposition de mots de code est aussi un mot-code, il suffit d'associer astucieusement les lignes de G^*. Ici, les lignes 1 et 2 sont correctes, nous pouvons effectuer:

$$Ligne_3 <= ligne_3 + ligne_1$$

$$Ligne_4 <= ligne_4 + ligne_1 + ligne_2$$

$$G = \begin{bmatrix} 1 & 1 & 0 & 1 & 0 & 0 & 0 \\ 0 & 1 & 1 & 0 & 1 & 0 & 0 \\ 1 & 1 & 1 & 0 & 0 & 1 & 0 \\ 1 & 0 & 1 & 0 & 0 & 0 & 1 \end{bmatrix}$$

ce qui avec le message déjà pris en exemple: $X_m = [1011]$ nous fournit le mot de code $C_m = [1001011]$ ce qui est conforme au polynôme $C_m(X) = 1 + X^3 + X^5 + X^6$ établi avec $g(X)$.

4.2. Calcul de la matrice H à partir du polynôme h(X)

La matrice H peut bien sûr être calculée à partir de G mais aussi directement à partir de $h(X)$.

$$H = \begin{bmatrix} 1 & 0 & 0 & 1 & 0 & 1 & 1 \\ 0 & 1 & 0 & 1 & 1 & 1 & 0 \\ 0 & 0 & 1 & 0 & 1 & 1 & 1 \end{bmatrix}$$

$$H = \begin{pmatrix} h_k & h_{k-1} & \ldots & h_0 & 0 & \ldots & 0 \\ 0 & h_k & h_{k-1} & \ldots & h_0 & \ldots & 0 \\ & & \ldots & & \ldots & & \\ 0 & \ldots & 0 & h_k & h_{k-1} & \ldots & h_0 \end{pmatrix}$$

$GH^T = 0$ exprime le fait que les lignes de H (colonnes de H^T) sont orthogonales à celles de G. Elles sont constituées de mots d'un code qui est orthogonal au code généré par G. Ce qui permet de générer le polynôme h(X).

4.3. Quelques rappels sur l'orthogonalité

$X^n + 1 = g(X)h(X) \Rightarrow X^{-n} + 1 = g(X^{-1})h(X^{-1})$

$\qquad \Rightarrow X^n(X^{-n} + 1) = X^n g(X^{-1})h(X^{-1}) = X^{n-k}g(X^{-1})X^k h(X^{-1}) = X^n + 1.$

$X^k h(X^{-1})$ est un polynôme de degré k qui factorise $X^n + 1$ et il génère donc un code (n, n-k) qui est orthogonal à celui généré par: $g(X)h(X) = 1 + h_1 X + h_2 X^2 + \ldots + h_{k-1}X^{k-1} + X^k$

$X_k h(X) = X_k + h_1 X^{k-1} + h_2 X^{k-2} + \ldots + h_{k-1}X + 1 \Rightarrow X^k h(X^{-1})$ est le polynôme réciproque de h(X) c'est à dire obtenu par permutation de h_i et h_{k-i}.

$X_k h(X^{-1})$ est donc un mot de code orthogonal au code généré par g(X), comme ce sont des codes cycliques, il en sera de même de $X^{k+j}h(X^{-1})$. La matrice H^* dont les lignes sont des mots de code orthogonaux à tout le code généré par g(X) peut être construite selon le schéma:

$$H^* = \begin{bmatrix} \leftarrow & X^k.h(X^{-1}) & \rightarrow \\ \leftarrow & X^{k+1}.h(X^{-1}) & \rightarrow \\ & . & \\ & . & \\ & . & \\ \leftarrow & X^n.h(X^{-1}) & \rightarrow \end{bmatrix} \quad h(x) = \frac{x^n + 1}{g(x)}$$

Cette matrice ne possède cependant pas la propriété des codes systématiques: ils font intervenir la matrice identité I_{n-k}. Pour retrouver cette propriété, il suffit de refaire des combinaisons linéaires des lignes de H^*. Pour le code pris en exemple:

$h(X) = 1 + X + X^2 + X^4 => X^k h(X^{-1}) = X^4 + X^3 + X^2 + 1$

Soit:

$$H^* = \begin{bmatrix} 1 & 0 & 1 & 1 & 1 & 0 & 0 \\ 0 & 1 & 0 & 1 & 1 & 1 & 0 \\ 0 & 0 & 1 & 0 & 1 & 1 & 1 \end{bmatrix}$$

puis, pour faire intervenir I_3, nous effectuons: $ligne_1 <= ligne_2 + ligne_3$

$$H = \begin{bmatrix} 1 & 0 & 0 & 1 & 0 & 1 & 1 \\ 0 & 1 & 0 & 1 & 1 & 1 & 0 \\ 0 & 0 & 1 & 0 & 1 & 1 & 1 \end{bmatrix}$$

ce qui est bien identique à la matrice obtenue à partir de G.

5. Capacité de détection

5.1. Capacité de détection des erreurs

Un code cyclique (k, n) dont le polynôme générateur a au moins 2 coefficients non-nuls (donc il ne divise pas X^i, $i > n$) permet de détecter toutes les erreurs simples.

- Idée de preuve: $(C(x) + X^i)\ //\ g(X) \neq 0$.

Si le polynôme générateur d'un code cyclique (k, n) a un facteur irréductible de trois termes (il ne divise pas X^i, ni $1+x^{j-i}$, $i < j < n$), le code permet de détecter les erreurs doubles. Par exemple: $g(X) = X^3 + X + 1$.

Pour qu'un code polynômial détecte toutes les erreurs d'ordre impair, il suffit que son polynôme générateur ait $(X+1)$ comme facteur. Par exemple: le code de polynôme générateur $(X + 1)$, qui est équivalent à la parité.

5.2. Capacité de détection des paquets d'erreurs

Un code cyclique (k, n) permet de détecter toutes les erreurs d'ordre $1 \leq n - k$ (c'est-à-dire inférieur au degré du polynôme générateur). La probabilité de ne pas détecter les erreurs d'ordre $l > n - k$ est très faible et égale à: $2^{-(n-k)}$.

6. Codes cycliques usuels

Plusieurs codes cycliques (Hamming, Golay, BCH, RS, etc.) ont été proposés dans la littérature. Dans les sections qui suivent nous présentons brièvement les caractéristiques essentielles de ces codes. Les codes de Hamming sont largement développés dans le chapitre précédent et ne sont pas décrits dans ce chapitre.

6.1. Code de Golay

Le code de Golay est un code $(n, k) = (23, 12)$.
$$X^{23} + 1 = (1 + X)(1 + X + X^5 + X^6 + X^7 + X^9 + X^{11})(1 + X + X^4 + X^5 + X^6 + X^{10} + X^{11})$$

Le polynôme générateur est $g(X) = 1 + X + X^5 + X^6 + X^7 + X^9 + X^{11}$. La distance minimale de Hamming de ce code est: $d_{min} = 7$ => il peut détecter et corriger des erreurs triples. C'est le seul ayant cette propriété. Malheureusement, il est unique dans son groupe et on ne peut pas le généraliser à d'autres combinaisons.

6.2. Codes BCH (Bose-Chaudrui-Hocquenqhem)

Sont des codes tel que $n = 2^m - 1$ et $k \geq (n - m.t)$ où t est le nombre d'erreurs détectables et corrigeables. La distance minimale obtenue correspond toujours à $d_{min} \geq 2t + 1$. Ces codes permettent des longueurs de code très variées et offrent de nombreuses possibilités d'efficacité de code k/n. Ils ont fait l'objet de nombreuses études et utilisations. Les coefficients des polynômes générateurs sont tabulés dans de nombreux ouvrages, la longueur des polynômes générateurs devenant très grande, ces tables fournissent les jeux de coefficients en utilisant un format octal par ordre décroissant.

Exemple: code (31, 26), t = 1, coefficients 45 en octal soit 100 101 => g(D) = D^5 + D^2 + 1

6.3. Codes Reed-Solomon (codes RS)

C'est une généralisation des codes BCH à des codes non binaires. Les données binaires sont traitées par groupes de m bits formant l'ensemble des symboles.

7. Implantation des codes

Il ne suffit pas de savoir construire des codes de façon théorique, il est également nécessaire de savoir passer à la pratique. L'implantation des codes est basée essentiellement sur des circuits qui comportent des registres à décalage, des portes logiques (AND, XOR) qui permettent de réaliser les opérations de base utilisées dans les codes cycliques (multiplication et division polynômiales).

7.1. Multiplication polynômiale

Multiplication de polynômes de la forme $A(X) = a_0 + a_1X + \ldots + a_mX^m$ par un polynôme constant $g(X) = g_0 + g_1X + \ldots + g_rX^r$.

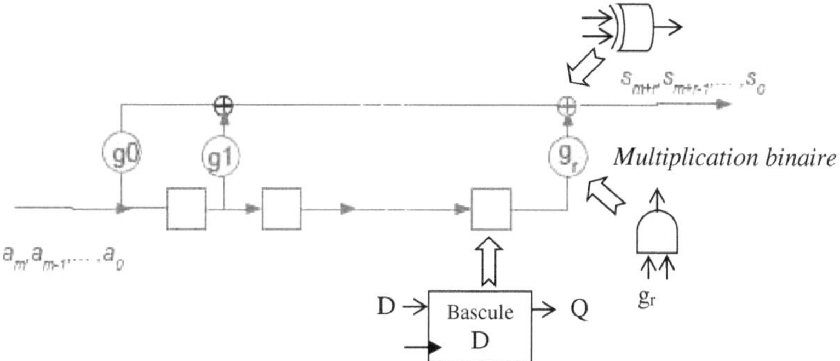

Figure 6.5: Circuit de multiplication polynômiale

Exemple: Multiplication de $A(x) = 1 + X + X^2$ par $g(X) = X + X^2$

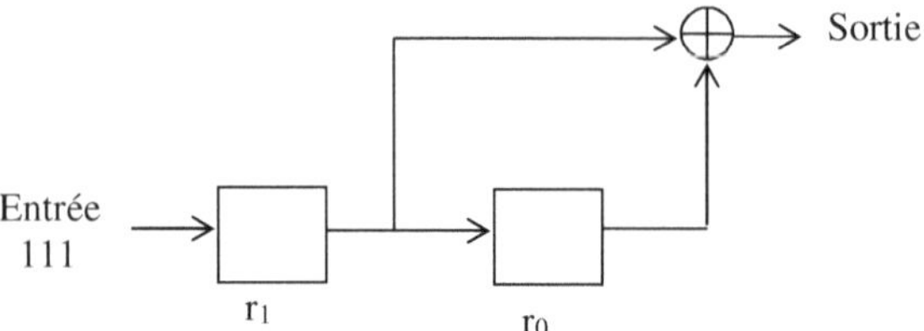

Figure 6.6: Exemple de circuit de multiplication polynômiale

Table 6.3: Différent cycles d'exécution du circuit de multiplication

	Entrée	$\mathbf{r_1 r_0}$	**Sortie**
Initialisation	111	00	Vide
Cycle 1 (Clk 1)	11	10	0
Cycle 2 (Clk 2)	1	11	10
Cycle 3 (Clk 3)	0	11	010
Cycle 4 (Clk 4)	0	01	0010
Cycle 5 (Clk 5)	0	00	$s_4 =$ $(s_{r+m})\ldots\ldots s_0$ 1 0 0 1 0

7.2. Division polynômiale

Division de polynômes de la forme $A(X) = a_0 + a_1 X + \ldots + a_m X^m$ par un polynôme constant $g(X) = g_0 + g_1 X + \ldots + g_r X^r$ avec $g_r = 1$.

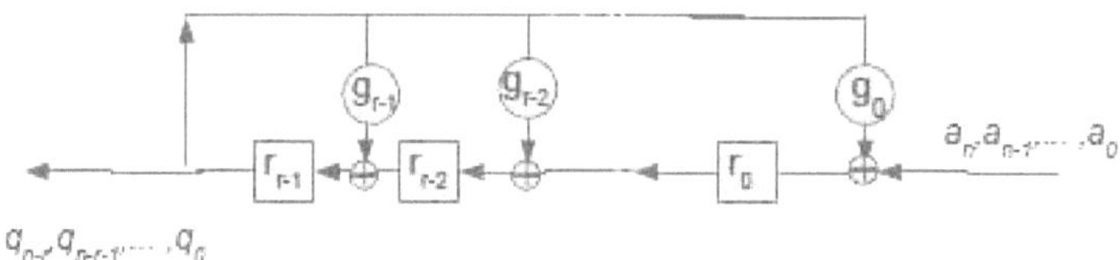

Figure 6.7: Circuit division polynômiale

Une fois que l'entrée à complètement été transmise au registre:

- **Reste:** $R(X) = r_0 + \ldots + r_{r-1}X^{r-1}$ (contenu du registre).
- **Quotient:** $Q(X) = q_0 + \ldots + r_{n-r}X^{r-1}$ (Sortie).

Exemple: Division du polynôme $A(X) = X^8 + X^5$ par $g(X) = X^4 + X + 1$.

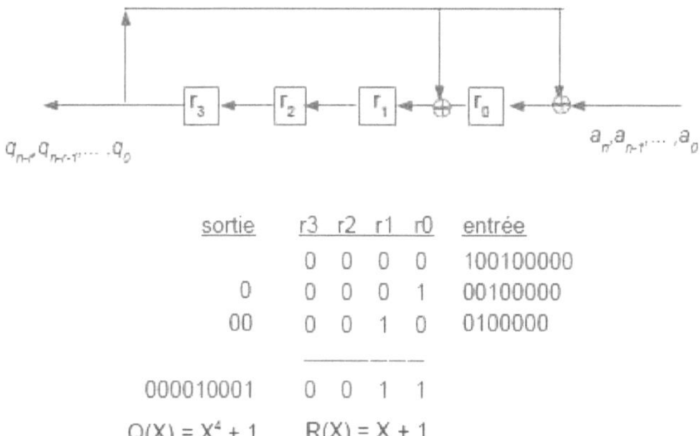

Figure 6.8: Exemple de circuit de division polynômiale

8. Conclusion

Les codes cycliques sont des codes efficaces et puissants pour la détection et la correction des erreurs groupées dans un message. Ce chapitre a présenté les propriétés ainsi que les méthodes de codage et de décodage de ces codes. Les architectures d'implantations matérielles de multiplication et de division ainsi que les caractéristiques essentielles des différents types de codes cycliques ont été aussi présentées.

Série 6: Codes cycliques

Exercice 1:

On considère un code polynomial de longueur 5 et de dimension 3 (c'est-à-dire de 3 bits vers 5 bits).

1) Quel sont les polynômes générateur possible.

2) Soit par exemple $g(x) = x^2+x$, déterminer touts les mots code possibles.

3) Déterminer la matrice génératrice de ce code.

4) Etudier la capacité de détection des erreurs de ce code.

Exercice 2:

On utilisera le polynôme générateur $x^4 + x^2 + x$.

1) On souhaite transmettre le message suivant: 1111011101, quel sera le CRC à ajouter?

2) Même question avec le mot 1100010101.

3) Si on reçoit les messages suivants: 1111000101010, 11000101010110, sont-ils corrects?

Exercice 3:

Soit C un code cyclique de longueur 15 sur IF_2 de polynôme générateur: $g(x) = x^4 + x + 1$.

1) Quelle est la dimension de ce code.

2) Déterminer le polynôme générateur du polynôme orthogonal du code C.

3) Déterminer la matrice de contrôle du code C.

4) Quelle est la distance minimale du code C. Existe-t-il des mots de poids 1, 2 et 3.

Exercice 4:

Le nombre et les types d'erreurs détectables par le CRC dépendent des qualités du polynôme générateur g(X). Démontrer les propriétés suivantes:

- P_1: Pour détecter des erreurs simples g(x) doit posséder au moins deux termes.
- P_2: Pour détecter les erreurs doubles, le polynôme générateur g(x) ne doit pas diviser tout binôme de degré 1< i < n-1 où n est la taille du message à protéger.
- P_3: Pour détecter les erreurs en nombre impair g(X) doit être un multiple de X+1.
- P_4: Un polynôme générateur de degré M, détecte les paquets d'erreurs de longueur L≤M.

Exercice 5:

1) Calculez le Code de Redondance Cyclique de la séquence binaire 0011110110010110 avec les polynômes générateurs $x^5 + x^2 + 1$ et $x^3 + 1$.

2) Vérifier le message 11010110111110 avec le polynôme générateur $x^4 + x + 1$.

Exercice 6:

Soit un code cyclique C(7, 4) de polynôme générateur $g(x) = 1+x+x^3$.

1) Calculer les mots-code correspondant aux messages (1010) et (0011) sous forme systématique.

2) Calculer la matrice génératrice et la mettre sous forme systématique.

3) Calculer la matrice de parité en utilisant la matrice génératrice:

– soit en partant de la forme systématique de G,

– soit en utilisant le polynôme générateur.

4) Vérifier que les deux matrices obtenues sont équivalentes.

Exercice 7:

On considère un code polynomial de $\{0,1\}^4 \to \{0,1\}^7$ dont le ploynôme générateur est $g(x) = x^3 + x + 1$.

1) Le polynôme $g(x)$ est-il primitif ? Le code considéré est-il un code cyclique ?

2) Déterminer la matrice génératrice de ce code et tous les mots de code. Donner la matrice de contrôle.

3) A l'aide de la question précédente, déterminer la distance minimale du code. Donner le nombre d'erreurs détectées et le nombre d'erreurs corrigées. Ce résultat est-il cohérent avec les résultats du cours sur les codes cycliques primitifs ?

4) Le mot reçu est 1010111. S'agit-il d'un mot de code ? Calculer son syndrome de 2 façons différentes (en utilisant la matrice de contrôle, et en se servant du polynôme générateur). Comment est-il corrigé ?

Exercice 8:

1) Donner le schéma logique des circuits qui effectuent la division euclidienne par les polynômes:

- $x^{16}+x^{12}+x^5+1$
- $x^{16}+x^{15}+x^2+1$

2) Que réalise les circuits ci-dessous.

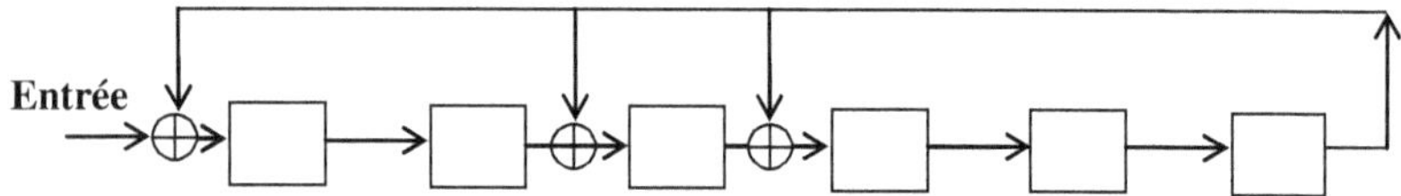

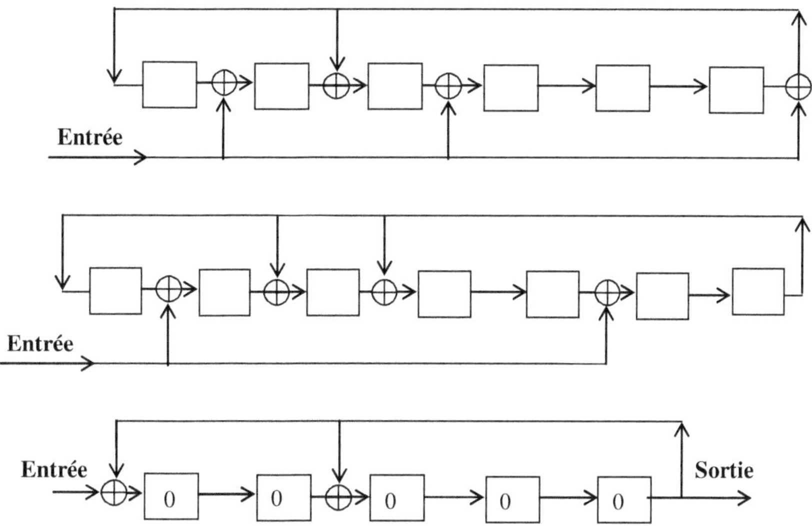

3) Soit le circuit ci-dessous. Pour une entrée représentant $1+x+x^3+x^5+x^8$ calculer la sortie ainsi que le contenu final du registre.

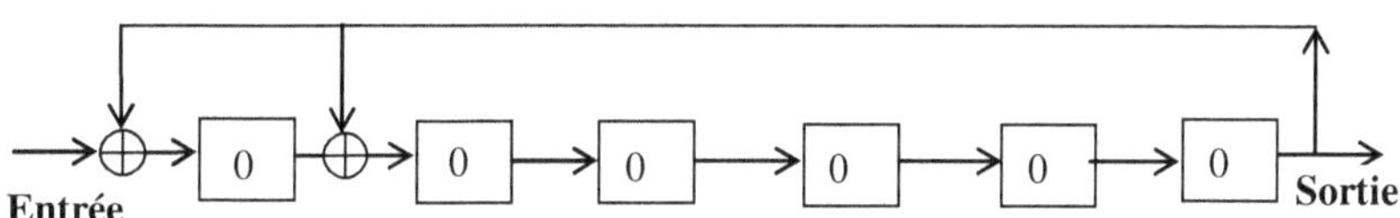

Correction

Exercice 1:

1) Le polynôme générateur doit être de degré 5-3=2. Les polynômes générateurs possible sont: x^2, x^2+1, x^2+x+1 et x^2+x.

2) En appliquant $c(x) = i(x)g(x)$ on obtient:

i	i(x)	c(x) = i(x).g(x)	c
0 0 0	0	0	0 0 0 0 0
0 0 1	1	x^2+x	0 0 1 1 0
0 1 0	x	x^3+x^2	0 1 1 0 0
0 1 1	x+1	x^3+x	0 1 0 1 0
1 0 0	x^2	x^4+x^3	1 1 0 0 0
1 0 1	x^2+1	$x^4+x^3+x^2+x$	1 1 1 1 0
1 1 0	x^2+x	x^4+x^2	1 0 1 0 0
1 1 1	x^2+x+1	x^4+x	1 0 0 1 0

3) Le polynôme générateur $g(x) = x^2+x$ qui correspond au vecteur (00110), donc:

- $g_n = 0$
- $g_{n-1} = g_{k+1} = 1$

La matrice génératrice est la suivante:

$$G = \begin{pmatrix} 1 & 0 & 0 \\ 1 & 1 & 0 \\ 0 & 1 & 1 \\ 0 & 0 & 1 \\ 0 & 0 & 0 \end{pmatrix}$$

4) Soit le code précédent engendré par $g(x) = x^2+x$ (n=5):

- Ayant 2 termes il détecte toutes les erreurs sur 1 bit.

- Puisque toutes les erreurs x^k sont détectées, pour que les erreurs de poids 2 soient détectées, il faut que g(x) ne divise aucun polynôme de la forme $x^{j-k}-1$, avec $1 \leq j-k \leq 4$:
  - ✓ x^2+x ne divise pas x+1.
  - ✓ x^2+x ne divise pas x^2+1 puisque $x^2+1 = (x^2+x)1+ (x+1)$.
  - ✓ x^2+x ne divise pas x^3+1 puisque $x^3+1 = (x^2+x)x + (x^2+1)$.
  - ✓ x^2+x ne divise pas x^4+1 puisque $x^4+1 = (x^2+x)(x^2+x +1) + (x+1)$.

Donc toutes les erreurs de poids 2 sont détectées.

- x^2+x est multiple de x+1, donc toutes les erreurs de poids impairs sont détectées.
- Touts les mots erronés de 2 bits sont détectés.

Exercice 2:

1) Le CRC à ajouter avant d'émettre le message 1111011101 peut être déterminé par deux méthodes:

Méthode 1:

```
1  1  1  1  0  1  1  1  0  1  0  0  0  0
1  0  1  1  0
─────────────────────────────────────────
0  1  0  0  0  1
   1  0  1  1  0
─────────────────────────────────────────
   0  0  1  1  1  1  1
         1  0  1  1  0
─────────────────────────────────────────
         0  1  0  0  1  0
            1  0  1  1  0
─────────────────────────────────────────
            0  0  1  0  0  1  0
                  1  0  1  1  0
─────────────────────────────────────────
                  0  0  1  0  0  0  0
                        1  0  1  1  0
─────────────────────────────────────────
                        0  0  1  1  0  0
```

Méthode 2:

x^{13}	x^{12}	x^{11}	x^{10}		x^8	x^7	x^6		x^4				x^4 $+x^2$ $+x$
x^{13}		x^{11}	x^{10}										
	x^{12}				x^8	x^7	x^6		x^4				x^9 $+x^8$ $+x^6$
	x^{12}		x^{10}	x^9									$+x^5$ $+x^3$ $+x^2$
			x^{10}	x^9	x^8	x^7	x^6		x^4				$+x$
			x^{10}		x^8	x^7							
				x^9			x^6		x^4				
				x^9		x^7	x^6						
						x^7			x^4				
						x^7		x^5	x^4				
								x^5					
								x^5		x^3	x^2		
										x^3	x^2		

Le CRC est donc 1100 et le mot à transmettre 11110111011100.

2) Le CRC à ajouter avant d'émettre le message 1100010101 est déterminé comme suit:

1	1	0	0	0	1	0	1	0	1	0	0	0	0
1	0	1	1	0									
0	1	1	1	0	1								
	1	0	1	1	0								
	0	1	0	1	1	0							
		1	0	1	1	0							
			0	0	0	0	0	1	0	1	0	0	
								1	0	1	1	0	
							0	0	0	1	0	0	0

Le CRC est donc 1000 et le mot à transmettre 11000101011000.

a) Le reste est nul. Il n'y a pas d'erreur dans le mot transmis.

1	1	1	1	0	0	0	1	0	1	0	1	0
1	0	1	1	0								
0	1	0	0	0	0							
	1	0	1	1	0							
	0	0	1	1	0	0	1					
			1	0	1	1	0					
		0	0	1	1	1	1	0				
				1	0	1	1	0				
				0	1	0	0	0	1			
					1	0	1	1	0			
					0	0	1	1	1	0	1	
							1	0	1	1	0	
							0	1	0	1	1	0
								1	0	1	1	0
								0	0	0	0	0

b) Le reste est 1110. Il y a une erreur dans le mot transmis.

1	1	0	0	0	1	0	1	0	1	0	1	1	0
1	0	1	1	0									
0	1	1	1	0	1								
	1	0	1	1	0								
	0	1	0	1	1	0							
		1	0	1	1	0							
		0	0	0	0	0	1	0	1	0	1		
							1	0	1	1	0		
							0	0	0	1	1	1	0

Exercice 3:

1) La dimension du code est n − deg(g(x)) = 15 − 4 = 11.

2) Le polynôme générateur de l'orthogonal du code C est $x^k h(-x)$ où $h(x)$ est le polynôme de contrôle, c'est à dire qu'il est tel que $x^{15}-1 = g(x)h(x)$. La division de $x^{15} - 1$ par g(x) donne:

$h(x) = x^{11} + x^8 + x^7 + x^5 + x^3 + x^2 + x + 1$ et $x^{11}h(-x) = x^{11} + x^{10} + x^9 + x^8 + x^6 + x^4 + x^3 + 1$.

3) Sachant que $h(x) = x^{11} + x^8 + x^7 + x^5 + x^3 + x^2 + x + 1$ et que:

$$H = \begin{pmatrix} h_k & h_{k-1} & \ldots & h_0 & 0 & \ldots & 0 \\ 0 & h_k & h_{k-1} & \ldots & h_0 & \ldots & 0 \\ & & \ldots & & \ldots & & \\ 0 & \ldots & 0 & h_k & h_{k-1} & \ldots & h_0 \end{pmatrix}$$

La matrice de contrôle du code C est:

$$H = \begin{pmatrix} 1 & 0 & 0 & 1 & 1 & 0 & 1 & 0 & 1 & 1 & 1 & 1 & 0 & 0 & 0 \\ 0 & 1 & 0 & 0 & 1 & 1 & 0 & 1 & 0 & 1 & 1 & 1 & 1 & 0 & 0 \\ 0 & 0 & 1 & 0 & 0 & 1 & 1 & 0 & 1 & 0 & 1 & 1 & 1 & 1 & 0 \\ 0 & 0 & 0 & 1 & 0 & 0 & 1 & 1 & 0 & 1 & 0 & 1 & 1 & 1 & 1 \end{pmatrix}$$

4) La distance minimale du code C est d = 3. Il n'existe pas de mot de poids 1 car il n'y a pas de colonne nulle dans H. Il n'y a pas de mot de poids 2 car il n'y a pas deux colonnes égales dans H. En revanche, il y a des mots de poids 3 il existe des colonnes de H combinaisons linéaires de 2 colonnes de H. Par exemple, $c_5 = c_1 + c_4$.

Exercice 4:

Soit T(x) le polynôme correspondant à un message envoyé. Si le message a subit des erreurs ceci est traduit par le changement de quelques bits. Le message reçue T'(x) sera donc $T'(x) = T(x) + E(x)$ où E(x) est le polynôme correspondant aux erreurs survenues pendant la transmission du message. Pour que g(x) soit capable de détecter les erreurs il ne doit pas diviser sans reste le polynôme E(x).

- P1: Dans ce cas le polynôme $E(x) = x^i$ où $i \leq$ degré de T(x). Si g(x) possède au moins 2 termes on peut écrire $g(x) = x^j + x^k$. Quelque soit i, j, k (avec $j \neq k$) le polynôme $= x^j + x^k$ ne peut pas diviser x^i sans reste.

- P2: Une erreur double s'écrit $E(x) = x^i + x^j$ avec $i \neq j$. Le degré de E(x) est $\leq$ n-1. Pour détecter une erreur double g(x) ne doit pas diviser sans reste tout binôme de degré <= n-1.

- P3: Pour démontrer cette propriété on va procéder à une démonstration par l'absurde. Supposons que g(x) est divisible par x+1 et qu'il ne détecte pas les erreurs en nombre impair.

  On a g(x) = (x+1)h(x) et on a E(x) = g(x)Z(x) donc E(x) =(x+1)h(x)Z(x). Pour x=1 on E(x) = 1 puisque le nombre d'erreur est impaire mais (x+1)h(x)Z(x) = 0 d'où l'absurde.

- P4: Un paquet d'erreur de taille m est une suite de m bits dans le message dont le premier et le dernier bit sont faux. Les bits intermédiaires peuvent être corrects ou faux. Une telle erreur s'écrit E(x) = M(x)x^i où M(x) est de degré m - a et (n-m) $\geq$ i $\geq$ 0.

Pour que g(x) ne détecte pas cette erreur il faut qu'il divise E(x) sans reste. g(x) a au moins deux termes donc il ne divise pas x^i. Pour diviser E(x) sans reste il faut diviser M(x) sans reste. Or si M(x) est de degré inférieur à g(x) ne peut pas diviser M(x) sans reste.

Exercice 5:

1) Avec le polynôme générateur $x^5 + x^2 + 1$. Avec le polynôme générateur $x^3 + 1$

```
001111011001011000000    | 100101
  100101                  |------
   110001001011000000     |00111011001010:
   100101
    10100001011000000
      100101
          110101011000000
          100101
            10000011000000
            100101
                10111000000
                100101
                  101100000
                  100101
                    1001000
                    100101
                       00010  <---- CRC
```

```
   00111101100101100000   | 1001
   1001                   |------
    1100110010110000       |0011101011001111
    1001
      101110010110000
      1001
        01010010110000
         1001
          011010110000
          1001
            1000110000
            1001
             001110000
               1001
               111000
               1001
                 11100
                 1001
                   1110
                   1001
                    111  <---- CRC
```

2) Recalcule du CRC)

```
11010110111110  | 10011          11010110100000  | 10011
10011           |-------         10011           |-------
  1001110111110 | 110000101        1001110100000 | 110000101
  10011                            10011
    000010111110                     000010100000
        10011                            10011
          0100110                          0111000
            10011                            10011
              00000  <--- correct              11110 <--- CRC
```

Exercice 6:

C(7, 4); g(x) = 1+x+x^3: 1011

1) M = 0101

X^{3}M(x) => 1010000

X^{3}M(x) + b(x) =1010011

$$x^3 M(x) \rightarrow 1010000 \;\Rightarrow\; C(x) \rightarrow 1100101$$

$$\frac{-1011}{0001000}$$

$$\frac{-1011}{0011}$$

Pour M=0011

$$0011000$$
$$\frac{-1011}{1000}$$
$$\frac{-1011}{001100}$$
$$\frac{-1011}{01110}$$
$$\frac{-1011}{0101}$$

$$C(x) = 0011000$$
$$\frac{+0000101}{0011101}$$

$$\Rightarrow C(x) = 1011100$$

2) G est de dim$(k \times n) = (4 \text{ lignes}) \times (7 \text{ colonnes}) = \begin{pmatrix} g(x) \\ xg(x) \\ . \\ . \\ . \end{pmatrix} = \begin{pmatrix} 1101000 \\ 0110100 \\ 0011010 \\ 0001101 \end{pmatrix}$

$$\begin{cases} ligne_4 \leftarrow ligne_2 + ligne_4 \\ ligne_4 \leftarrow ligne_1 + ligne_4 \\ ligne_3 \leftarrow ligne_1 + ligne_3 \end{cases} \Rightarrow G = \begin{pmatrix} 1101000 \\ 0110100 \\ 1110010 \\ 1010001 \end{pmatrix}$$

<u>Remarque:</u>

On retrouve les mêmes mots-code avec les relations: $(m_0 m_1 m_2 m_3)(G)$.

3) Matrice de parité (de contrôle)

$$H = \begin{bmatrix} I_{n-k} & P^T \end{bmatrix} = \begin{pmatrix} 1001011 \\ 0101110 \\ 0010111 \end{pmatrix} \text{ à partir de G.}$$

A partir de $h(x) = \dfrac{x^7 + 1}{g(x)} = x^4 + x^2 + x + 1$

$$\mathbf{H} = \begin{pmatrix} h_k & h_{k-1} & \ldots & h_0 & 0 & \ldots & 0 \\ 0 & h_k & h_{k-1} & \ldots & h_0 & \ldots & 0 \\ & & \ldots & & \ldots & & \\ 0 & \ldots & 0 & h_k & h_{k-1} & \ldots & h_0 \end{pmatrix} = \begin{pmatrix} 1011100 \\ 0101110 \\ 0010111 \end{pmatrix}$$

Cette forme est non systématique. Afin de la rendre systématique on effectue la

combinaison linéaire suivante: $ligne_1 \leftarrow ligne_3 + ligne_1 \Rightarrow H = \begin{pmatrix} 1001011 \\ 0101110 \\ 0010111 \end{pmatrix}$

4) Les deux matrices H obtenues par les 2 méthodes sont identiques.

Exercice 7:

$g(x) = x^3 + x + 1$ $n=7; \; k=4$

1) $x^7 + 1 = (x+1)(x^3 + x^2 + 1)(x^3 + x + 1)$ décomposition de $x^7 + 1$ en polynôme primitifs.

- $g(x)$ est de degré $(n-k)$
- $g(x)$ divise $(x^7 + 1)$

$$\left.\begin{array}{l} g(x) \text{ est de degré } (n-k) \\[2mm] g(x) \text{ divise } (x^7 + 1) \end{array}\right\} \Rightarrow C(7,4) \text{ engendré par } g(x) \text{ est cyclique.}$$

2) $G = \begin{pmatrix} 1101000 \\ 0110100 \\ 0001101 \\ 0001101 \end{pmatrix} \Rightarrow G_{Sys} = \begin{pmatrix} 1101000 \\ 0110100 \\ 1110010 \\ 1010001 \end{pmatrix}$

$k = 4$, donc il ya $2^4 = 16$ mots codes.

$$m_0 m_1 m_2 m_3 \quad \begin{cases} b_0 = m_0 + m_2 + m_3 \\ b_1 = m_0 + m_1 + m_2 \\ b_2 = m_1 + m_2 + m_3 \end{cases}$$

$x_m = m_0 m_1 m_2 m_3$	$b_0 b_1 b_2 m_0 m_1 m_2 m_3$
0000	0000000
0001	1010001
0010	1110010
0011	0100011
0100	0110100
0101	1100101
0110	1000110
0111	0010111
1000	1101000
1001	0111001
1010	0011010
1011	1001011
1100	1011100
1101	0001101
1110	0101110
1111	1111111

$$H = \begin{pmatrix} 1001011 \\ 0101110 \\ 0010111 \end{pmatrix}$$

3) $d_{min} = 3$

$e_D = 2$; $e_C = 1$; 7 erreurs simples

$2^{n-k} - 1 = 2^3 - (1+7) = 0$ erreurs doubles, triples, etc.

$S_m = (s_2 s_1 s_0) \Rightarrow 7$ erreurs décodables.

- $g(x)$ possède 3 coefficients $\neq 0 \Rightarrow$ il détecte toutes les erreurs simples.

- Ce code détecte touts les erreurs doubles.

4) $Y_m = 1010111$ n'est pas un mot-code.

- $S_m = Y_m H^T = (1010111) \begin{pmatrix} 100 \\ 010 \\ 001 \\ 110 \\ 011 \\ 111 \\ 101 \end{pmatrix} = 100$

- $S_m(x) = Y_m(x) h(x)$

Exercice 8:

1)

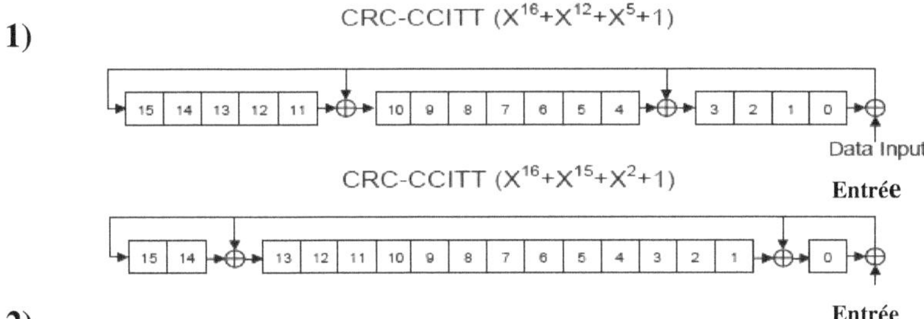

2)

- Le premier circuit calcule le reste de la division euclidienne du polynôme d'entrée par le polynôme: $1 + x^2 + x^3 + x^6$

- Le deuxième circuit calcul le reste de la division euclidienne par le polynôme $1+x^2+x^6$ du polynôme en entrée qui est multiplié par $x+x^3+x^6$.

- Le troisième circuit calcul le reste modulo $1+x^2+x^3+x^7$ de la multiplication du polynôme en entrée par $x+x^5$.

- Le quatrième circuit calcul le quotient de la division euclidienne du polynôme d'entrée par le polynôme $1+x^2+x^5$.

3) En sortie du circuit on obtient le mot binaire: 000000100. Le contenu du registre est: 111001.

BIBLIOGRAPHIE

- **C. E. Shannon,** A mathematical theory of communication, Bell System Technical Journal, Vol. 27, pp. 379–423, 623–656, **1948.**

- **N. Abramson**, Information theory and coding, McGDRAW-HILL Book Company Press, **1963.**

- **W. Weaver et C. E. Shannon,** Théorie mathématique de la communication, Edition Les Classiques des Sciences Humaines, **1975.**

- **J. Ziv, and A. Lempel,** A universal algorithm for sequential data compression, Journal of IEEE Transactions on Information Theory, Vol. IT-23, No. 3, **1977.**

- **P. Billingsley,** Probability and measure, John Wiley and Sons, **1979.**

- **E. R. Berlekamp, R. E. Peile and S. P. Pope,** The application of error control to communication, IEEE Communication Magazine, Vol. 25, pp. 44-57, **1987.**

- **A. Poli et L. Huguet,** Codes correcteurs: théorie et applications, Edition Masson, **1989.**

- **J. Adimek,** Fondations of coding, Wiley Interscience, **1991.**

- **T. M. Cover and J. A. Thomas,** Elements of information theory, Wiley **1991.**

- **G. Battail,** Théorie de l'information, Masson, **1997.**

- **D. Hankerson, G. A. Harris, and P. D Johnson,** Introduction to information theory and data compression, CRC Press, **1997.**

- **J. H. Van Lint,** An introduction to coding theory, Springer, **1998.**

- **E. Fabre,** Théorie de l'information & codes correcteurs d'erreurs, INRIA, **2000.**

- **T. Richardson, A. Shokrollahi, and R. Urbanke,** Design of capacity approaching irregular codes, IEEE Transaction on Information Theory, Vol. 47, No. 2, pp. 619–637, **2001.**

- **F. J. MacWilliams and N. J. A. Sloane,** The theory of error-correcting codes, North-Holland, **2003.**

- **S. Lin and D. J. Costello**, Error control coding: fundamentals and applications, 2nd Edition, Upper Saddle River, NJ, Prentice-Hall, **2004.**

- **T. M. Cover and J. A. Thomas,** Elements of information theory, Wiley, **2005.**

- **R. M. Roth,** Introduction to coding theory, Cambridge University Press, **2006.**

- **W.E. Ryan and S. Lin,** Channel codes: classical and modern, Cambridge University Press, **2009.**

- **A. Zribi,** Décodage conjoint source/canal des codes entropiques: application à la transmission d'images, Thèse de Doctorat, École Nationale d'Ingénieurs de Tunis, **2010.**